一念之间

心的境界，就是生命的境界

中国香港／觉真法师 著

国际文化出版公司
·北京·

图书在版编目（CIP）数据

一念之间 / 觉真法师著.—北京：国际文化出版公司，2017.1
ISBN 978-7-5125-0883-5

Ⅰ.①一⋯　Ⅱ.①觉⋯　Ⅲ.①佛教–人生哲学–通俗读物　Ⅳ.①B948–49

中国版本图书馆CIP数据核字（2016）第228569号

著作权登记号：图字01-2016-5747号
原书名：《快乐人生（一）》《快乐人生（二）》
本书简体字版经香港天地图书出版有限公司授权出版发行，并仅限中国大陆地区发
行、销售。如非经书面同意，不得以任何形式复制、转载。

一念之间

作　　者	中国香港 / 觉真法师
责任编辑	宋亚珺
统筹监制	别　飞　张　奇
策划编辑	李　娜
文案编辑	王苏苏
版权支持	文赛峰
装帧设计	仙　境
出版发行	国际文化出版公司
经　　销	全国新华书店
印　　刷	北京天宇万达印刷有限公司
开　　本	700毫米×1000毫米　　　　16开
	12.75印张　　　　　　　　150千字
版　　次	2017年1月第1版
	2017年1月第1次印刷
书　　号	ISBN 978-7-5125-0883-5
定　　价	36.00元

国际文化出版公司
北京朝阳区东土城路乙9号　　　　　邮编：100013
总编室：（010）64271551　　　　　传真：（010）64271578
销售热线：（010）64271187
传真：（010）64271187-800
E-mail：icpc@95777.sina.net
http://www.sinoread.com

目录

一念之间

一念·生命　/ 002

当因缘不具备的时候，当客观条件有许多不可能的时候，当你无力改变环境的时候，你可以改变自心，你可以找到内心的宁静，你可以在你内心的"天堂"建立一种健康的生命内视、内循环，回归本原、本位。一切在你自心。心的境界，就是生命的境界。

第一章　生命的智慧　/ 004

一个人，他想什么，他就会去做什么。他做什么，就是他的行为。他的行为，就是他的命。所以，一个人的命运，就是他的所想、所做、所为。

一念·生存 /080

人生的本质是苦。可是，人却容易为乐所迷、为利所惑，不承认苦，或者想尽办法逃避苦、掩饰苦。只有当人有了苦的觉醒，人才会去寻找离苦得乐的解脱之道。

第十二章　佛陀 / 157

佛陀带给人类最珍贵的启示，简短地说就是：人人都有佛性，人人都能觉悟，一切众生皆可成佛。这在人类历史上，第一次揭开了众生平等的生命要义。

第十三章　般若 / 165

般若干什么的？般若就是对治烦恼的。般若就是帮助我们消除业障的。般若就是指引我们走出迷误的。

第十四章　戒与律 / 177

戒，就是有所为，有所不为。有所为——该做的一定要做到。有所不为——不该做的坚决不去做。
律，就是规范化、标准化。

第十五章 同愿同行 行愿无尽

佛说无缘大慈，同体大悲。这是对一切众生的和谐之道。和谐，才是人生的境界。这样的境界，能离开行与愿吗？有行、有愿，才有和谐。

序一：一念之间的因缘

佛说："万事因缘而起，因缘而生……"真是妙不可言的真理。本书的产生亦可谓"因缘而生"。这因缘产生自哪里？——实为一念之间！

2004年9月的某个周末，我去光华管理学院听一个讲座，无意间，校园里的一幅讲座海报吸引了我的注意：《佛教与企业家精神》——主讲者：香港佛教僧伽学院觉真法师；时间：……好有趣的演讲主题啊，我想。当时的我虽然常读《般若心经》《金刚经》和《坛经》，但尚觉懵懂、未入门，故还算不上真正的佛教徒。

我自己开公司，对"企业家精神"问题也有兴趣，不知道这位大师是怎样将"佛教"和"企业家"联系在一起的？浓厚的兴趣令我暗记下个周末一定要来听这个讲座。这就是我与师父结缘的"第一念"。

讲座的当天，我八点半就坐进了演讲礼堂（看官请注意：本人对于上课是一向认真，但却一向迟到。通常情况下早上不太准时到课堂，实在惭愧。但这次却破天荒地提早了半小时）。九点不到，陆陆续续地，300人的大厅已座无虚席。慈祥的觉真师父所做的三个小时演讲，带给我们的不仅仅是佛教意义上的开悟，还有诸多欢快笑声、诸多会心乐趣、诸多心悦诚服……师父的演讲声情并茂，智慧而通透，清澈而真挚；同时他讲述的佛理与时俱进，与时代世情竟无半点脱钩，说到尽兴处还身形灵活地演示起打坐。这是怎样一位豁达、渊博而又充满赤子之心的师父啊！课间休息时，好多人围着师父，索要签名、合影和攀谈。看着红光满面、气定神闲、慈祥和蔼的师父，我只在一旁默默仰望，却不敢近前说话……

转眼到了十二月，我开始给朋友和合作伙伴们写新年贺卡。又是一念之间，我想起了在交大演讲的觉真师父，遂给在香港佛教僧伽学院的师父寄了一份新年贺卡，本也是抱着崇敬心情表示一下问候，并未想得到师父的回复。

孰料不久以后的2005年1月6日下午，我在一个重要的大客户那里开会，手机两次震动，因为看不出来电地址，遂按断了电话。回到办公室，我的助手告诉我有位觉真师父从香港打来电话说找不到我，我想起下午被我按断的两个未显示电话，歉疚之心顿起。"真是罪过，罪过啊！"我说，"下午在开会的时候，被我按断的两个电话想必是师父打的吧。"我和我助理说，我要给师父回电话以道歉。正说话间手机铃声又响起，正是师父又一次从香港打来的长途电话。我非常感动，师父竟一次又一次地亲自打电话给我，只为答复我这一张普通的新年贺卡。电话中师父亲切而虚怀若谷，令我受宠若惊。这位师父实在是可亲可敬啊！遂与师父约定，待师父来杭州过年，我一定要去拜见师父。

后来我收到了师父寄给我的著作《享受人生》和《悟彻人生》。不仅我自己欣喜地阅读，我周围的朋友读后也深深地感动并获得启悟。知道师父因为香港佛学院放假，于农历新年前一周已经到了杭州法华寺，我迫不及待地与师父取得联系，并约定二月五日从上海去杭州看师父。

我最爱下雨天的杭州西湖，位于北高峰脚下的法华寺在雨中显现。师父精神抖擞、神采奕奕、谈兴甚浓，整整一个下午，对我倾谈不倦，一见如故。我则如海绵，恨不能一下子饱吸师父对于佛理、不同宗教、世界和生活的所有体悟和知识。无奈，师父的知识面实在宽广而博大，佛教、基督教、伊斯兰教、世界历史哲学、中国的老庄和儒学、文学，甚至心理学和经济学领域……旁征博引、触类旁通，师父毕生的研究和博大的学问岂有穷尽？我实在没想到，一位佛教出家人，对于不同领域的现代化学科和知识竟有如此广阔的涉猎和深刻研究。这是我所知的第一人！

在杭州法华寺的那个下午与师父畅谈甚欢，当时在座的还有杭州的马舒建先生，他是一位资深的出版界人士，似乎正在商谈为师父出一本新书。由于座谈已久，顾念师父的疲劳，我恋恋不舍地告别师父。没料想第二天遂收到师父手机发来的短信，邀我为其编辑这本马舒建先生早已策划中的书。我深深感恩于师父对我的厚爱和信任，又惶恐于我之佛学浅薄、编书经验有限，不知能否胜任！既然是师父的托付，虽千难万险，吾将往矣！

值得庆幸的是：随后几天正值农历春节期间，师父在上海逗留了两日。我能两日相从师父身边，师父言传身教如春风化雨，不仅令我对佛理乃至哲学、文化思想受益匪浅，更让我看到了师父待人接物虚怀若谷、慈爱博大的高贵品质和精神力量！唉……师父待我如亲儿，对于这样的福缘，我只有常跪于佛祖前，感恩佛祖，让我获得这样一位师父——我人生之巨大福报啊！

"万事因缘而起……"这个缘分缘起于哪里？"一念之间"呐！

各位读者，"一念天……一念地……"，我与师父的结缘不正是一个真实的验证？"一念"加"一念"，令我认识师父，走近师父，如沐春风，如获精神和智慧的洗礼。

给予我编辑本书的机会，我视之为我能对社会、对身边的朋友之幸福做些事情的重大机缘。

为什么这样说？本人虽受过高等教育和各种培训学习，曾为公司的高级职员。我也自习中国古代哲学——《老子》《易经》和孔子学说，以及西方各种哲学和流派思想，目前正在读中国人民大学世界经济学研究生课程。但是这种种的专业教育和职业培训，只能教会我们如何工作、如何与人沟通、如何获得所谓的人生成功，并不能让我们真正的彻悟！我们能放下我们心头的牵挂吗？（无论这种牵挂是事业、还是情感；是私事、还是公益事；是现在的、还是未来的）我们能获得心灵的真正安宁吗？（片刻的宁静安详、心的恬淡和喜悦对现代人来说是多么的遥不可及）我们能摆脱一切的烦恼和忧虑吗？（忧虑总如头发丝，丝丝缕缕、剪不断理还乱地包围着我们、侵蚀着我们的内心）我们能做到心底无私天地宽吗？我们能够退一步海阔天空、低头便见水中天吗？

　　我看到我周围许许多多的社会栋梁们，他们聪明、敏捷、受过高等教育、才智一流、心地正直、积极向上、不断进取、不断提高……但是他们并不快乐！他们接受社会精英的价值观和人生理想，但是在获得更多金钱、更高的社会地位后，却并没有觉得自己离快乐更近！没有安全感、压力永无休止、执着于要更上一层楼的欲望……"安心和满足感"似乎永远是悬在大象头顶的一根可望而不可即的"香蕉"。

　　他们有错吗？没有错。但是不快乐的根源在哪里？我认为，追求更好、追求更高本没有错，错在我们如何对待这颗追求并执着的心。

　　如何对待我们的"心"？佛叫我们放下，难道是让我们放下我们所执着的事业和心念吗？放弃我们的目标和理想吗？我不这样认为……

　　佛说空，却不是虚空；佛说无念，无念正是最大的念；佛说定，但也说不定；佛说无常，无常才是最根本的有常；佛说法，却是法本无法，法无定法……

　　佛是什么？不可说、不可说。正如著名作家戴厚英老师悟的：佛教原来不是老太太的烧香叩头、出家僧尼的撞钟念诵……而是另有一番天地：一个瑰丽、浩瀚、完整的世界。这是佛教的义理，是佛教博大的智慧……

　　我是一个在佛门外仅觊觎得片缕曙光，便惊艳得目瞪口呆、感叹竟有如此宇宙大智慧的人。面对别人问，佛是什么？不知道、说不出。但我总以我的体悟对人说：佛是我所见过的最博大、最精深、最包容、最客观、最辩证、最科学、最彻底的——智慧——佛的智慧——释迦牟尼的智慧，而不是凡人的智慧——"人"的智慧！虽然佛不是"人"的智慧，但是，每一个人皆具佛性，一切众生皆能成佛。多么奇妙……

与师父结缘，读了师父的书，认识师父越多，才知道佛教不是古人的清谈，不是失落者的寄托，不是隐士的孤芳自赏，不是野心家的宝剑……不是苦行，不是虚空，不是放弃，不是无为……师父以出家人的出世之心关怀着入世之人的种种问题和心灵解脱。

我对师父说："师父，用一句时下流行的话说，您是一位与时俱进的佛学家。"

"以出世之心处入世之事。"希望仅以此书，献给和我一样奋斗着的社会年轻人。让两千五百多年历史的佛学照亮我们现代人生的前进道路，让我们更智慧地进取、生活、成功！让我们悟彻人生、享受人生！

最后借用师父的一句话："本书所说的是不是佛法？是不是佛教的义理？这要靠读者自己去证悟、要靠自己的印证。"

写下这些文字的时间正是二零零五年的元宵之夜，值此新年之际，恭祝大家：

新的一年，自在圆满！

ETI 培训学院培训师、咨询师

吴曦崴（曙蕤）于上海

序二：人生难得，佛法难闻

佛经有云：人生难得，佛法难闻，善友难逢。

犹如秋风一叶，我多年来漂泊于大不列颠，对此语可谓感触良深。我长期致力于中英文化之比较研究，并准备献身文化交流事业，深感中国文化之博大精深，而禅文化更有精深内涵，并源远流长。

觉真法师是一位佛教学者。交往多年，我深深折服于法师的过人智慧与佛学的深邃理解。他给我的印象并非一位不食人间烟火的活佛，反而更像一位亲切慈祥的长者。从他悲天悯人的慈悲心肠中，我感觉到的是一种寓于佛性又超越凡尘以至于返璞归真的人性温暖。

佛法无边。法师是方外之人，用不同于这个世间的眼光看待这个尘世。有道是"当局者迷，旁观者清"，所以法师往往能够看到我们所看不到的东西，每一次与觉真法师的交流，我总会有意外的收获。佛法，就寓于生活之中。他总是可以把深奥的佛法道理，通过各种各样生动活泼的小故事，深入浅出地表达出来，让痴迷的世人豁然开悟，揭示了世间万物生息不灭的真理。

这本《一念之间》是法师的心血之作，是法师用自己的眼睛，用自己一颗慈悲的佛心对人生的感叹和思考。该书充满了对佛学的感悟，字里行间透露出法师对世间细致的观察与深刻的哲学思考。每当我心烦意乱，踌躇于人生悲欢离合之时，翻阅此书，心灵总能逐渐地归于平静。法师淡淡的言语之中，散发着祥和安宁的气息，让人暖暖地感受到法师那博大的包容胸怀与悯人的慈悲心肠。这是一本弥足珍贵的励志之书，宛如苦海中之明灯，为迷途的世人照亮了漫漫的人生之路。

人世间最重要的是什么？是智慧与豁达。如果诸位读者能从本书中得到智慧和豁达，这将是一个非常大的收获，也是觉真法师馈赠给您的一份佛学思想的精神财富。

最后，祝愿本书的作者、编者和所有读者，见闻得慧，俱发欢喜心。是以为序。

英国华夏文化协会会长　贝学贤（曙圣）

一念・生命

当因缘不具备的时候，当客观条件有许多不可能的时候，当你无力改变环境的时候，你可以改变自心，你可以找到内心的宁静，你可以在你内心的"天堂"建立一种健康的生命内视、内循环，回归本原、本位。一切在你自心。心的境界，就是生命的境界。

第一章　生命的智慧

一个人，他想什么，他就会去做什么。他做什么，就是他的行为。他的行为，
就是他的命。所以，一个人的命运，就是他的所想、所做、所为。

◎用心去认识自己，了解生命

现代社会，有各种人际关系的危机：矛盾、纠葛、争斗、不平衡。
为什么？

最根本的是自己心的迷失。

请找回自心吧，别到你惊觉时，大错已铸，后悔已经莫及。

有人强调运气。不错，生命历程中会有逢运、背运。但是，运气从
何处来？**运气从人际关系中来，从你良好的心态中来。**你的心态不好，
你的人缘不好，运气就会从你身旁悄悄滑过。**运由心生，信不信由你。**

我们常说：知识重要。可是经纶满腹的书呆子却有不少。于是，能
力比知识重要。可是，能力可以干好事，也可以干坏事。于是，素质比
能力重要。最可贵的素质是什么？是悟性。于是，悟性比素质更重要。
悟性在哪里？悟性在自心。

会学习的第一要素是会听。会听的前提是能听。会听和能听的，不只是耳朵。真正会听和能听的，是心。心是什么？心是生命的整体。会听，实际上是整体生命的全部都在听。

人类的生存环境，日益遭受污染。查看一下：水怎么会被污染？空气怎么会被污染？大地怎么会被污染？生物武器从哪里来？病毒从哪里来？疫情从哪里来？无一不是从人类自身来。人类自身是污染源吗？不，污染源在人自心。

一个人，可以逃过别人的视野，可以逃过别人的指责，但是，他逃不过自己，也逃不过自己的内心。

你要学会照顾好自己。**照顾好自己，首先是照顾好自己的心。**

林肯曾经说过：年过四十，人便须对自己的容颜负责。为什么？因为过去的容颜，是父母给的，四十岁以后的容颜，就取决于自心了。你怎能不对自心负责？

人的青春并非只有一次。青春是一种心灵状态。从生到死，是一个生命过程。在这个过程中，青春无处不在，假如你心灵中永远有一颗童心，一颗平常心。

俗言：人老心不老。很对，心不老，人就不会老。

诚是什么？诚是人心。信是什么？信是人心。人心无诚，人心无信，人与人之间就不能有稳定的关系。互相猜疑、疏离，人际关系就会陷入尔虞我诈。那么，这个社会还成其为社会吗？

你的心，像一块磁铁。当你心情愉快，对这个世界充满喜欢和善意时，一切美好的东西就自然地被你吸引。

当你苦闷、忧愁，对这个世界充满失落和隔膜时，那么，一切烦恼和厄运也就自然地被你吸引过来了。把你的心转变一下，你的磁力方向也就转换了。

姐姐和妹妹同时看上了新来的交警。姐姐说：那个警察对我有意思，我一到，他就把红灯变为绿灯，让我通过。

妹妹说：那个警察对我才有意思，我一到，他就把绿灯变为红灯，为了留住我，多看我几眼。

绿灯红灯是客观现象，虽然两个人心里有着各自不同的感受，但都很甜。所以，你的心态，决定了你的感受。

现在有个非常流行的词，叫"扩大内需"。认识自心，找到心在哪里，发现心的能量，调整自心，改善自心，就能够安心、静心、净心，这才是每个人普遍存在的"内需"。

一个人做到了，不够，要大家都做到，这才是真正的扩大内需。

人的内心世界真奇妙。有时难以理喻，有时又无法用"情"字来概括。有人说，生活太复杂，这个世界太复杂。其实，生活并不复杂，社会也不复杂，复杂的是人。人太复杂，人为什么复杂？因为人的心太复杂。

人类对外要开发自然，穷尽宇宙奥秘；对内，当然也要穷尽生命的奥秘、精神世界的奥秘。

所以，人在开发外部世界的同时，为什么不来开发自心、开发自我呢？

一个人，在自己的日常生活中，永远向外寻求，永远也无法满足自己。真正能满足自己的还是在自己的内心。

反求诸己，才能最终解决问题。所谓"自助人助，人助天助"，即是此理。你自己都不肯帮助自己，别人还会帮助你吗？

未悟时，处处向人。若能自向，方能自悟。

人，只有转向对自我生命的内求中去获得启悟。因为，真理不是靠外人言说，靠别人来告诉你的。别人说的未必是真理，即使是真理，也还需要通过你自身的验证。所以，真理必须经过自证、自悟。

世上本没有命运，命运在你自心。

你的心灵，决定了你的人生状态。你的心灵，决定了你的人生走向。

只有改变你的心灵，才能改变你的人生状态；只有改变你的心灵，才能改变你的人生走向。

现在社会上，许多人不懂得顺缘、随缘，就当然不能随境自在。不能随境自在，也就不容易安住。连安住都做不到，你还谈什么做事做人呢？

世间多少麻烦、是非、不快，都是由不认识自己、不明白自己而起的。不明白自己，也就是不明白自心。

世上本来没有什么"世界末日"，可是，不识自心，又不知调整自心，转变自心，他就真让他的"心"陷入"世界末日"的危机之中了。这是一种迷，迷就产生愚。愚和智的区别，就是迷和悟的区别。

"一念之愚"或"一念之迷"就是烦恼心。那心，不是清静心。如果息灭一念，自除妄念，那就是清净心了。陷身于烦恼苦海的人，为什么不放下一念，转变一念，让自己恢复一颗清净心、平常心呢？

清净心、平常心就是智慧心。

"万物静观皆自得"。谁得？自心之得。得在何处？得之在心。

这个"心"，你看到吗？看不到。

这个"心"，在何处找？找不到。

这个"心"，有没有？有。

这个"心"真奇妙。**宇宙有多大，心就有多大。**宇宙有多小，心就有多小。宇宙有多复杂，心就有多复杂；宇宙有多简单，心就有多简单。外部世界叫外宇宙，心就叫内宇宙。外宇宙与内宇宙不但相似，而且同一，是一个整体。

"一即一切，一切即一"。这个"一"，是人的心。这个"一切"，就是宇宙，就是世界。世界有多大，宇宙的空间有多大，心也就有多大。所以，人的心和宇宙，和世界，既是相通，也是同一的。人在宇宙之中，宇宙亦在人心之中。宇宙涵括了人类，人心也涵括了宇宙。

宇宙有多少信息量，心就有多少信息量。

宇宙的秘密，你还没有发现，所以你心的秘密，也没有发现。

你能认识自心吗？你先找回自心吧！

当因缘不具备的时候，当客观条件有许多不可能的时候，当你无力改变环境的时候，你可以改变自心，你可以找到内心的宁静，你可以在你内心的"天堂"建立一种健康的生命内视、内循环，回归本原、本位。一切在你自心。心的境界，就是生命的境界。

人的缺陷，主要是心理缺陷。人的健康，根本在心理健康。

找回自心，才能享受人生。

最大的伤，是内伤。最大的苦，是内苦。最大的陷阱，是自己设下的内心陷阱。最大的盲点，是不认识自心。

人是应该最富有动力的：学习的动力、工作的动力、生活的动力、关心他人救助他人的动力、提升生命质量的动力、超越自己的动力、寻找本性世界的动力。

动力从何处而来？从善根来，从悟性来，从自身的心灵来。

生命是"身"和"心"的组合。安身才能立命，安心才有福命慧命。福命慧命，才是真正的立命。

有人喜欢算命。其实你不去算命，也能知道你的命。这命就在你的心中。

一个人，他想什么，他就会去做什么。他做什么，就是他的行为。他的行为，就是他的命。所以，一个人的命运，就是他的所想、所做、所为。

命运不在人的生命之外。人同命运的冲突、搏斗，正是人自身内在的矛盾和斗争。

人最宝贵的财富就是健康。**人最大的健康是心安。最大的心安是自净其意。**圆满的、彻底的自净其意就是成佛。

人生是一次旅程。在这旅程中，我们必须探求生命的意义、生命的目的、生命的本原和生命的归属。

从生命现象回到生命本体，你就成佛了——你获得了不生不灭的生命。

佛即生命。

何处是你的家园？

请允许我说一句让你不开心的话：你的家园，很可能正是你不想去的地方。你不想去也得去、不得不去的那个地方，才是你的家园。

那么，我们趁早来了解自己的家园、弄懂自己的家园，并且改造自己的家园、热爱自己的家园吧！

有信仰的人，是最平静的人。最平静的人，才是最有力量的人。

一个人生病了，他只看到病、痛，看到身体的某一部分出了问题，却看不到自己"看不到的东西"。比如说：你的心态、心念、情绪、气、性格、性情。其实，这些是你看不到的东西，却与免疫力很有关系。情绪低落、悲观绝望，对免疫系统的伤害最大。

健康，靠的是免疫力，佛学、学佛，就是提倡心理的免疫力，增强心理的免疫力。

你每天打扫房间，清洗用具，清洁环境，这很好。但是，更重要的是打扫自心，清洗情绪，尤其打扫自心的染污，清洗负面情绪，清洁自己的心灵，这就是你心灵的免疫力。

人，不要等路走完了才说："啊呀！我走错路了。"

一切都在自心。

在生活中，有些人会有很多的心理不平衡。一件小事、一句微不足道的言语、一个不小心，就很可能引发一个不幸的后果。其根源就在"心理不平衡"，或者叫嫉妒障碍，这是没有智慧的人的通病。

妒忌心重，嗔恨心重，见不得别人好。心理不平衡，心存恶念，那就很可怕。无风三尺浪，平地起风浪。要警惕你心内的毒焰。

看看污水是从哪儿流出来的？要治污水，必治污水之源。正本清源，污水乃治。自净其意，就是从源头解决问题。

比如：我们常讲，法律面前人人平等。或者，法律之下人人平等。或者，个人自由与权利平等……

不错，这个平等，那个平等，但这一切归根到底，仍在心的平等。心不平等，何来其他的平等？

我们每天都讲"修行"。修什么？行什么？修就是转变观念、转变心态、转变自心，转向慈悲心、清净心、平等心，这就是修。

行就是实践，就是去做，当然也包括了不去做。即该做的要做，不该做的坚决不做。这就是行。行，还是来自于心。

所以，修行也叫修心。

老师给每个小朋友发了一粒种子，告诉说，学期末要带一盘果子来。其中一位小朋友拿到的是一颗沙子，但是他不知道。他仍然同别人一样，浇水、施肥、光照。后来，别人都把果子带来了，这个小朋友的盘里却是空的。

看来，生命的动力是种子内在的。尽管阳光、雨水、肥料都很重要，但没有内在的动力，生命是不可能成长的。

人的内在动力在哪里？在自心！

有人研究高尔夫球为何有那么大的魅力，场景的美丽、环境的挑战、时尚的驱使，激发了内在动力。小于二寸的球，一击打出 200 米的距离，快感油然而生，嘉许自己继续打。打得好与坏自己负责，无人指摘。一击便知结果，回报透明。原来这是一系列动力的机制：追寻喜悦、不怕承担责任、清晰行事的效果、乐于面对，所以内在动力常在。对于工作，对于事业，对于人生的起伏高低，常存这种内在动力，何事不成？

区乐民先生在《羊的命运》一文中写道：绵羊低头吃草。偶尔，一两头较机灵的，会停下来看看我，见没动静，又继续吃。一朵又一朵的白云在蓝天飘过。日子，多么悠闲。我不禁羡慕羊。

朋友却说：它们每年被人按在地上剪羊毛，不甘愿，也不算痛苦。但它们不知道，时候一到，便要被宰。真可怜！

西方人认为：羊肉可以吃，狗肉不可以。因为狗比较聪明，是人类的朋友。我沉思：同是哺乳类动物，笨的可以吃，聪明的则不可。那是什么道德标准呢？

我对朋友说：人也很可怜。

为什么可怜？

我答道：你认为羊可怜，是因为它们不知道自己的命运。人，难道就知道自己的命运吗？

其实，人能够知道自己的命运。种瓜得瓜，种豆得豆。种什么因，结什么果。命运就在"因"和"果"之中。"因"和"果"是一条链，所以，命运也是一条链。

因与果，都在你心中，所以"命运"也在你心中。

写字，叫练笔。练笔要用力、用劲，所以又叫练腕、练力。但更重要的，是练心。

明朝时候，一位皇帝要巡视山海关。驻守山海关的总督想在皇帝到来之前，把"天下第一关"五个大字写得更雄奇、更美，以迎接皇帝的到来。

总督请来著名书法家萧显。问他几天可以写好。萧显说：不必问天数。我写好后自然送来。

十天过去了，二十天过去了，一个月过去了，仍然没有送来。总督大怒。写五个字要花一个月时间吗？他派去暗中察访的人回来报告说：萧显第一个十天，在读帖，研究字形；第二个十天，在练石担，训练臂力；第三个十天，在高声吟诵李白、苏东坡的诗词（诸如"黄河之水天上来""大江东去，浪淘尽，千古风流人物"等句）。听到这里，总督不耐烦了：把萧显抓来，要用棍棒打他一顿。转而一想，不行，打坏了，字就写不出来了。只好命他当场立刻就写。

萧显叹了一口气说：想不到大人如此苛责，又如此等不及我细心准备。我用十天研究字形字体结构，再用十天练我臂力，我还要用更多的日子来练心！现在无奈，只能从命了。他举起扫帚一般的如椽大笔，写下"天下第一关"五个大字。

写字，要练心。做什么事不要练心呢？

◎做自己的主人

我是谁？我从哪儿来？我到哪里去？

难道这只是哲学家的命题，而不是我们每个人都应该弄清楚的问题吗？

假如你能找到这个答案，也许真的不枉来人间一遭了。

我饿了。是"我"饿了，还是肚子饿了？如果两者没有区别，岂不是肚子成了"我"？"我"就是肚子？

我在哪里？我是什么？我为什么活着？我又应该怎样活着？这样的一个问题，不少人却回答不出来，一脸的茫然，一脸尴尬。有些人，还没有弄清楚这个问题，他的一辈子就走过去了。**人的最大无知，是对人生的无知，对生命的无知。归根究底，是对自心的无知。**

你要生存，你要行住坐卧，饮食男女，追求享受和物质的满足，这没有错，因为你生活在自然（本我）的世界；你遵守利益原则，讲利益最大化，懂得价值观，计利求利，这没有错，因为你生活在功利（自我）的世界；孔曰成仁，孟曰取义。你舍己为人，仗义行事，光明磊落，正直无私，这没有错，因为你生活在道德（超我）的世界。这是一个客观的、现实的世界，是十分理性的。但是，还有一个更理性的心灵世界，即人的解脱（本觉、本真）的世界，这是人的内宇宙与外宇宙同体、同在、同一的真如世界，你认识了吗？

人要学会认知，尤其是认知人类自身更为重要。什么叫认知？先说一个故事吧：福特汽车公司要排除一台发动机的故障，许多人束手无策，最后来了一位专家，他围着机器转了两个圈，然后用粉笔在外壳上画了一条线，说：就在这里。问题果然迎刃而解。故障排除了，他要一万美元的报酬。画一条线，也要一万美元吗？他说：画一条线，只要一美元，而知道画在哪里，要 9999 美元。

这就叫认知。

上面说的是机器的障碍。人的障碍也不少。人，如果能找到自身的障碍，并且说清障碍的源头，主动排除障碍，这才是人对自身的认知。

什么人对着镜子却看不见自己？——那是盲人。执迷不悟的人同对着镜子却看不见自己的人有什么区别？

人，最怕的是执迷不悟。更可怕的是执迷不悔。而执迷不悔正来自于执迷不悟。

当一个人左看不顺眼、右看不称心的时候，当一个人处处指责别人，要求世界都得服从他的时候，不是这个世界出了问题，而是他本人出了问题。他最大的障碍正是他自己。

人，为什么会苦闷？为什么会感觉孤独、寂寞而又无助？为什么会恐惧？为什么会哭泣，总想跪下来哀求？为什么感到自己太卑微？为什么总想依赖别人，崇拜权威，低首于强者，以为真理都在别人的手里？原因很简单：由于人们只知外求，不知内求，不知自求，不知"反求诸己"。也就是不识自心，不知自心的能量和智慧。

一个人，不知道自己的生命价值，便不能认识自己生存的意义。偶有不顺心、不如意、不满足，往往陷于无奈、无助、无聊的噩梦状态，那就可怕了。

对生命的价值茫然无知，这是某些人走向了可悲结局的开始。

有的人，不愿观察自己，也不想了解自己、认知自己。比如身体出了毛病，脑子有了苦闷，不去研究身体不适的原因，以及脑子里苦闷的来由，却只想逃避。其实，有痛苦，逃避不了；有灾难，也逃避不了。逃避并不能解决问题。正视痛苦，观察痛苦，找到原因，发现来由，找到解决的办法，这样，才能解决问题。这就是观察自己、认知自己的好处。

一个人，不能观察自己、认知自己，不知自己的身、心、行为从何而来，这就是不能自觉。

一个人不能自觉，就会处在迷茫、迷误中。"盲人骑瞎马，夜半临深池"。这多可怕！一切愚昧、无知，皆从不自觉而来。

一个人不要自恋，要自信；不要自卑，要自强；不要自高，要自省。

自信者豁达，自强者上进，自省者自律。

自信者不馁，自强者不息，自律者不怠。

自信、自强、自律，既是一种心灵的自我平衡，更是人生境界的自我修养。只有这样，才能破除自我感觉良好的愚蠢迷障。

你知道什么叫"选择"吗？

中国古代有个"孟母三迁"的故事。第一次，孟母带着小孟轲住在郊外靠近坟场（墓地）的山边，小孟轲在户外就学习别人掘墓埋葬、料理丧事。

第二次，孟母带着小孟轲迁到了街市上，住在一家卖肉店不远处。小孟轲就在户外学习屠夫论斤称两、售卖猪肉。

第三次，迁到了一座学宫（古代学校）之旁，小孟轲就在家里学习设俎豆、祭祀、揖让礼仪诸事。于是居处乃定。

人就生活在选择之中：选择环境、选择友邻、选择人生走向……这也应了一句著名谚语：**告诉我，你和谁在一起，我就知道你是谁。**

所谓"失败"，其实只是自己的一种感觉。这是在通往目标的行程中，由于自己的行动多次受阻，找不到出路，看不到前途所产生的一种绝望感。这种绝望感，很容易就把人毁了。

在客观世界中，本没有什么"失败"，失败仅仅存在于失败者的心中。

我们总是强调要"做人"，可是，从来没有说要"做自己"。能不能做一下"自己"？做自己，就是自己做自己的主人。

人，应该观察自己，我的感觉是怎么产生的？我的一切知见从何而来？又会造成什么后果？

自己观察自己，自己认知自己，自己管好自己，就是自己做自己的主人。

自律，自己管住自己，自己管好自己，这是最重要的个人素质。

有一颗为别人着想之心，才会自律，必能自律。

什么叫律？律就是规范化、标准化。

什么叫戒？戒就是有所为，有所不为。佛家讲"持戒"，这个"持"就是行为、行动，付诸实践。持有两个方面，一"作"，一"止"。作就是行善，就是有所为。止，就是止恶，就是有所不为。

人应该管好自己的一言一行，所思所想。管好自己的要求，就是社会的群体——"我们"的规范化、标准化。可见，佛家的戒律，对我们学会做人具有普遍的意义。

人的罪恶有两种：一种是过去已经种下的；一种是未来可能会产生

的。过去的已经犯下，只有忏悔，才能救赎。未来的还没犯，必须防止，只有不再重犯，才是真正的忏悔，也才是最有效的救赎自己。

人的作恶大概也有两种：一种是主动的、自愿的作恶，这叫明知故犯。一种是被动的，不情愿的作恶，这叫违心的、知其不可为而为之。性质虽不同，但做了的恶行、恶果则没有区别。所以，都必须忏悔，必须改正、救赎自己。

一个人要想控制自己的非理性冲动，首先必须要找到这种非理性冲动是从哪里来的。找到了，这就是一种认知。认知其因，认知其缘，你才能控制它，这就是从"因"解决，这才是治本。

没有感恩之心的人，一定不快乐。

一个不会反省自己、总结自己和忏悔自己的人，也一定不快乐。

没有感恩之心的人，最狂妄、目中无人，世界只有为他让路，别人都是欠他的，他怎么能快乐呢？

不会反省自己、忏悔自己的人，总是把包袱背在身上，越背越沉，他怎能快乐呢？

一个人是不是懂得感恩，或是否感恩，一个人是不是懂得忏悔，或是否忏悔，都是一个人的人格状态，一种心灵境界。

人的人格状态，人的心灵境界，往往正是天堂和地狱的区别。

人是需要别人的帮助的，但是别人的帮助只能增强你的自信心，指点你的前景，启示你的能力，或者给予有限的资助、一定的支撑。对你本人而言，信心是否增强了，能力是否运用了，前景是否认同，支撑是否有效，关键仍然在你自己。一句话，别人的帮助，是帮助你勇敢地去接受困难的挑战，而直面困难、真正接受挑战的依然是你自己。

中国的万里长城是奇迹，埃及的金字塔是奇迹，法门寺地宫也是奇迹。一切物质文明几乎都是奇迹。这奇迹，都是人创造出来的。可见，人才是真正的奇迹。解开人类自身之谜，你能做到吗?

学佛，就是为了认知人自身的奇迹，解开人自身的奇迹。

人失去自由，有两种情况：一是被剥夺的，一是自己拱手相让的。前者容易看得到，后者则在自己的不知不觉中，甚至是"愉快"中失去。

不要拿别人的错误来惩罚自己，但要拿别人的错误来对照自己、改正自己。

有理不在言高。讲假话的人言高，是自揭其丑。讲真话的人言高，是天生血性。

自爱和自恋不同。

自爱者尊重别人，自恋者只有自己没有别人。

自爱者自尊，自恋者自薄。自爱者深沉、有品性，自恋者粗俗、德浅。

自爱者气定神闲，自恋者心慌慌、泪潸潸、气嘘嘘。

一个不接受他律的人，也一定是一个不能自律的人。不接受他律，正源于他不能自律。

一个对别人不负责的人，也肯定是一个对自己不负责的人。对自己都不负责任，他还会对别人负责吗?

人要活得像一个人，就应该像人那样地活着。

没有任何其他的方法和途径可以到达真理，真理只有靠自己去寻找、去发现、去体验、去求证。

日落的尽头是日出。

日落日出之间，你别走错了路。

●关于生命、智慧的睿语

有位作家说，喜欢追求知识的人，就是有智慧的人。我感觉他只说了一半。还有另外的一半——**懂得知识而又不执着于知识，能够放下现有知识进入悟性世界的人，才是一个有智慧的人。**

人，为什么要有智慧？有了智慧，就不会自找苦吃了。不自找苦吃，也就少吃许多苦，苦也能尽量避免了。追求贪污腐败，追求五阴炽盛，你挡也挡不住，为什么？如蝇逐臭，如蛾扑火，刀口舔血，疮口吮脓，你能挡住他吗？这也如同吸毒，他有了毒瘾，他肯放下吗？肯放下，肯对自己说"不"，他就有了智慧了。

智慧不属于知识的范畴，智慧也不同于聪明。书读得越多，知识越多，往往固执也越多，束缚也越多，烦恼也越多，当然，这正是缺少了智慧。

聪明人因为他聪明，他能做好事，也能做坏事。中国有句俗语——"聪明反被聪明误"就是这个道理，这正是聪明与智慧的不同处。

聪明只能属于聪明人，不属于愚人。而愚人不等于就没有智慧。

佛教教人走出我执、法执，这是最高的智慧。在我执与法执中纠缠不休的人，是永远不会认识真理的。

相遇简单告别难。

追求是科学，放下是智慧。

康德认为，我们所有的经验，都是受法则支配的，而且是被合乎牛顿物理学的因果关系律的法则所支配的。说得太好了，太深刻了。他有一句名言："概念无感觉则空，感觉无概念则盲。"他认为人能够把握这个世界是通过概念和感觉实现的。于是，他把概念与感觉两者借经验打通了，这就是康德的知识论。很多人误解了康德。康德强调经验，正与佛家所强调的自证自悟相一致。只有通过自证、自悟，亲证、亲悟，也就是亲自的经验，人才能认识真理，证知真理。

经验的知识与理性的知识，究竟谁更正确，谁更可靠？

亲眼所见，未必真实。视觉误差，太多了。

传说雷神一天看到一位妇女，把米浆倒掉，误以为她糟蹋食物，用雷把她击毙了。原来这是一位孝顺妇女，她倒掉米浆是因为脏了，不能再给老人喝。后来天帝封此女为闪电娘娘，希望在雷公打雷时，先用闪电照一下，看看清楚，再把雷打过去。

阿弥陀佛。这个故事给我们启发：把事实弄清楚，再发言吧。

著名作家赫胥黎有一次对克里希那穆提说：我愿意倾我所有，来换取对真理的一瞥。可惜，我的心已填满了过多的知识。此言甚是。这个"可惜"，不就是佛教中所说"所知障"（亦即法执）的障碍吗？

作家亨利·米勒在谈到克里希那穆提时，他说过这么一段话："除了基督之外，克里希那穆提可以算是我知道的唯一能完全摒弃自我的人。他的话语是那么简单明了，可以直破人们心中所有的迷惑。然而，越是简明的真理，越是不能被人珍惜。"说得太好了，越是简明的真理，有些人就越是做不到，这正是人的局限和人的误区。

思维，正是人的局限。人一有思维，人就不能不在这个局限之中。禅，叫人止息心念，就是走出思维，就是停息思维，就是走出它的局限。那么，尽虚空遍法界，人无处不在，他不是与宇宙同为一体了吗？

言语并不可靠。因为言语只是言语本身，它不能代表言语以外的什么东西，这可能正是我们许多人越听越糊涂的原因。怎样才能让我们不再蒙蔽我们自己呢？只有禅。

佛教不重名相，也不执着于名相。你从现实中"糖精不含糖，鸡精不含鸡，奶精不含奶"就可以看到这一理念的精彩了。

尽大地无处不是药。

为什么逻辑不可靠？因为，逻辑的方法，就是要我们去判断：A是B，A不是B，A是A。这就是逻辑，是公认的常理，是常识的范围。可是你在寻找真理，你不能被这种形式的、现象的逻辑（思维方式）束缚住。你有没有想过："A"从来就不是"A"。你说A是A，这个命题恰恰就把"A"非"A"的真理性遮挡住了。所以，事物的真相，不在概念，不在逻辑，不在言语，而在事物本身，这就是佛家说的本来面目。

佛的真理有一个突出的特点，即探讨的不是现象世界，不是相对世界里的问题。它探讨的是出世间法，即超越现实，超越时空，超越现象世界，超越相对世界的更为本质的东西。所以它就具有了超时代的，永恒价值的智慧。现在西方人惊呼：东方的释迦牟尼是智慧之光。瑞典斯德哥尔摩大学中文系教授罗多弼先生更提出：今天的中国人要多关注传统，多读古书，不要把历史文化遗忘掉。他说他作为欧洲人，他觉得中国的儒家、道家，中国佛学，都是非常宝贵的文化遗产，属于全人类的文化宝库。这个遗产里有很多宝贵的东西可以让我们在今天生活得更丰富，生活得更有意义。——因为这是一种宝贵的资源，人的最宝贵的精神资源。

不管东方、西方，都已认识到今天的社会危机，实质上是精神危机。既研究西方的心理分析学说，也研究东方的禅的弗洛姆（艾立克·弗洛姆〔Erich Fromm〕，海德堡大学毕业，墨西哥大学教授，与凯伦·浩内〔Karen Horney〕同被认为是心理分析学新派的中心人物）曾一再提出："这个危机，可以被描绘为'不安''倦怠''时代病'，死气沉沉，人的机械化，人同自己、同他的同胞以及同自然的疏离。"这说得非常深刻。实际上，这些问题，在齐克果、尼采以及存在主义的哲学家们的著作中，几乎处处都反映了这些普遍性的危机。难怪弗洛姆要说："人追随理性主义，业已到达理性主义变得完全不合理性的地步了。""人被劈为两半，一半是知性，这被认为是真正的我（I），它要极力控制另一个我（me），就如同要控制自然一样。用知性去控制自然，以及生产更多更多的货物，变成了今天生活的最高目标。在这个过程中，人把自己变成了物，生命变成了货物的附属品，生活（to be）被持有（to have）所统治。"这是一个西方人的认识，他看到了什么？看到了人的自我迷失。

本来，人的生活的目标，是追求完美的人，可是，现代人却认为生活的目标，是追求完美的物。如何制造这些物，如何掌握这些物，如何占有这些物，就成了人的生活的目标。你问问现代人，他为什么活着？他所追求的这些物，他所有的活着，到底为了什么？他会一脸茫然，恐怕说不出什么道理来。至多会说，为了挣钱，为了家庭，为了儿女，为了玩乐，为了活得开心，为了获得成功，或者为了幸福，那么再问他什么是成功？什么是幸福？他就更加说不出一个所以然了。

正因为不知道这个"所以然"，走进教堂的人，到庙里去烧香磕头的人，也就越来越多了。

人为什么要信仰神？弗洛伊德做了他最新的回答。他研究人的潜意识，无意识，人所不知道的自己最深层次的"黑暗的力量"。他认为人所以信仰一个全能、全知的神，是由于人类生存状态的无助，是由于人想求得伸出援手的父母亲，而这个父母亲就是以天上的神为代表了。

然而，与弗洛伊德的学说不同，佛教，不是叫你去信神，而是要你认识你自己。佛教所讲的因果理论，种什么因，结什么果，不是神决定的，是你自己决定的。所以，佛教强调的是人，强调的是只有自己救自己。别人救不了你。神也救不了你。

弗洛姆，作为西方世界接受了禅，接受了佛教思想的代表人物，他发现了西方的一神论宗教，只祈求主，祈求父神，是寄希望于拯救者，是表露出对父神的强烈的渴求。而佛教不是，他认为佛教的合理和讲究实际，要超乎西方的宗教。因为佛教追求的是自身的觉悟。

佛是一位觉悟者，人是可以被这些觉悟者所引导的。尤其每个人，在自己内心，都有觉醒和开悟的能力。这就是说，你渴望别人帮助你，别人只能帮助你去勇敢地面对挑战，接受挑战，而真正接受挑战的还必须是你自己本人。别人的帮助，是帮助你获得信心，启发你的能力，而能力的运用，能力的发挥，则仍然要靠你自己。所以，弗洛姆感叹说："禅宗帮助人为他的生存问题寻得答案，这个答案在本质上同犹太教、基督教所给予的答案并无不同，然而禅宗的答案却与现代最珍贵的成就不相冲突。即，它不违背理性、真实主义与独立。东方的思想比西方更合乎西方的理性思想，可以说这是一件最耐人寻味的事。"

人，不能离开大自然。人本来就生活、生存在大自然之中。我们所说的"大自然"，大概就是指尘与土、云和月、大地山川、宇宙星辰，一切客观的物质世界吧。其实，人类自身也是一个自然，这是被人忽视了的另一个自然。不弄清楚人类自身这个"自然"，我们所理解的"自然"，是不完整的，甚至是不科学的——尽管我们每天都在讲科学。

有人会问："这样说，你的理由何在？"有啊。我们佛教中有一句常用语，叫"色心不二"。我们讲的那个外部世界的大自然，在佛教语言中叫"色"。人类自身这个内部世界的大自然，在佛教语言中，就叫"心"。色心不二，不正是说，色与心，都是大自然，都是一个完整的大自然吗？

有人把佛教误解为神的宗教。我想说，不。佛教是人的宗教。他不是教你去信神、拜神、求神。不，不是。佛教是告诉你，认清实相，认清真实，认清生老病死全过程及其过程中一切如梦幻泡影的错觉，从这种错觉中觉醒过来，成为一个醒悟者、觉悟者，就这么简单。

一切真理，都是很简单的。学佛，是学习生命的智慧，不是迷信，就这么简单。

知进又知退，知足又知不足的人，才是一个头脑健全的人。一个人，能走出自我，超越自我，他就真的成熟了。

宁静不是虚无，不是寂寥，宁静是一种体验，体悟一种对人生、宇宙的把握。只有享受宁静，才能把"我"和宇宙相通相融，宇宙的宁静变成了"我"内在的宁静；宇宙的生命秩序，变成了我内在的生命秩序。我与世界，本来统一，本来无二。宁静，让我回到了这个"统一"，这个"一体"。这才是真正的"全球一体化"。

香港专栏作家张慧慈在《病态高层》一文中提供了一组数据。她说：美国最新的精神医学研究发现：

美国每 25 名商界高层中，就有一人有精神问题。而商界高层患上精神病的概率较正常人高出三倍。

有人会问：既有精神病，怎么又当上了高层？她说：这些人，表面上没有异样，一般都有过人的魅力，能轻易模仿成功人士，说话让人动容。负责这项研究的精神病学权威黑尔（Bob Hare）指出：他们所做的表面功夫容易迷惑老板、股东和公众，所以能步步高升。精神越变态的高层，虽然看来越有魅力和能言善道，可是，其实际表现和同事间的评分，往往令人大跌眼镜。

有精神病倾向的高层，一般都是没有良心，不会自责，又极度自恋，倾向操纵下层，表面一套，内里又是另一套，让人无所适从，叫苦连天。

由于病态高层自我掩饰力很强，除了跟他有直接工作关系的人，很难察觉。加上他处于高位，享有权力、名誉和金钱，他自己也不容易发现自己有问题，就算他知道也不愿求助。

读了上述资料，让我忽然联想到某些专家、教授，著名的大导演，或者名嘴名流，他们的许多言行，是不是也有精神病态呢？如果不进行精神治疗，不能自我审视，他们对社会的影响，也同样是很可怕的。

精神治疗的最佳途径，是佛教的三皈五戒，八正道与戒定慧三学。

有生命的自觉，有人生的最高智慧，一切精神疾患就都解除了。

———个人，不找回自己，他可能永远都跟随在别人的后面。跟对了人，没有说的。跟错了人，或者盲从于一个人，那就可能与真理越去越远了。

生活中不但有是与非的矛盾，而且，还有是与是的矛盾，非与非的矛盾。是与是的矛盾，往往演成了人间的悲剧；非与非的矛盾，又往往演成了人间喜剧、笑剧或闹剧。遗憾与不幸，不仅在是与非之间，有时也会在是与是之间，非与非之间。

大家是追寻生命的人，寻找故乡的人。

生命在哪里？生命在你还没有发现的地方。故乡在哪里？故乡就在你不能不去找寻的生命的源头。

白云生处有人家，那里可能正是我们的故乡。在我们生活中的现实之外，还有一个伟大的秩序，伟大的园林，伟大的生命的故乡。

———个创造力充沛的人，一个勇于开创自己生命境界的人，是不会囿于陈见，不会拘泥于世俗传统的。如果他永远在墨守成规的条件下生活，在固定的模式化的思维中思维，他怎么会有创造力呢？他早已被常规，被约定俗成湮没了。看看毕加索吧，他出于印象派，又走出了印象派，他另辟蹊径，建立了主流以外的立体主义艺术，他才成了毕加索，成了举世公认的一代艺术大师。

我们来到这个世界以后，由于自己的无知，不自觉，我们丢掉了自己的许多东西，遗忘了自己的许多东西，那就应该找回来原本是自己的许多宝贵的东西。

苏轼说得好：欲令诗语妙，无厌空且静。静故了群动，空故纳万境。他把静观默照的妙悟和盘托出了。

我们和佛陀越远，和大自然越远，和自己生存的宇宙空间越远，实际上，也正是和自己越去越远。把我和大自然对立起来，把我和我们生存的宇宙空间对立起来，把我和佛陀对立起来，这正是一种自我分裂，那才真的可怕。

禅，正是心到达自由的一条路。

生命和艺术是同一，而非二元，这就是禅的境界。

艺术不是头脑的事业，而是心灵的事业，是用眼泪、用血汗、用生命来参与的事业。

让你在人生中，在真理中前进的，只有禅。

有人问小孩子们："大地上的雪融化之后，变成了什么？"大家都说："水。"独有一个小孩说："春天。"第一个回答，没有错，是事实，是事相。第二个回答，超越了。超越了事相，超越了概念，是透过事相看到了另一种真实。这是因为他心中有春天，有一种期盼，有一颗期盼春天的心。

你说，是不是应该出离概念，出离事相，完成自己的飞跃？

佛教的本质，是关怀生命，包括自己的生命与他者的生命。生命是什么？生命是物质与精神的统一体。佛法叫"色心不二"。这是说：色（物质）心（精神）两者是统一的，不可分割的。色法与心法作为一个统一体而存在。这就是生命世界的本质，西方叫"存在即其本身""存在即是真理"。佛教恰恰指出了这个"存在",是色与心的存在,是"色心不二"的存在,色心不二,即佛教的生命观。

色法,让我们认知人与自然、宇宙、山河大地外部环境的关系。心法,让我们认知人与自我、自心的关系。把这两者统一起来,使人的生命与宇宙相连相通,与自我心识相依相存。两者的统一,正是生命的完整性(看不到这一点,能说你认识生命吗)。

对于生命这堂课,每个人都要上的。不上好这堂课,对生命一无所知,的确太可惜,是白来人间一遭了。

我们早已不提拜金主义这个词语了,但拜金主义的人和事,却从来没有离开我们的身边。

我们只把自己的生活(命运、际遇、享受、获取)看得很认真,但是,对自己的生命(生命从哪里来,向哪里去,怎样使生命不朽)却看得并不认真。

我们只把自己的感觉、感官的感受,看得很认真,但是,对这感受从何而来,这感受是否真实,是否可靠,却又看得并不认真。

我们只把自己的一时之逞,一时之快,一时的满足看得很认真,但是,对明天,对那不可避免的结果,对这一时满足的后果,却又看得并不认真。

这是为什么?

人能反省这些,了悟这些,他的生命质量就肯定大大不同于常人、凡人了。

吝啬并不仅仅表现在施舍上。虐待狂,或毁灭性,就是对和谐的吝啬,对尊重生命的吝啬。吝啬,正是贪婪和侵占的特殊形式。

能不能破吝，舍贪，才是对人性的真正考验。

我不承认宿命，我也不相信宿命，但有些人还是不得不堕入他的宿命。原因何在？原因就在他不肯改变自己，他也无力改变自己。他已失尽人心，他不自知，因为他只生活在他自己的世界里。在他的思维方式里，他是唯一，他是真理。世界变得怎样，他毫不在乎，他走不出他自己的世界，这不是他的宿命是什么呢？

可以坚定，但不要坚硬，更不要强硬。坚定，是正能量。坚硬强硬，不知通达，不能圆融，是走向了坚定的反面，因而是负能量。坚定，令人尊敬，坚硬和强硬就令人望而生畏，或者与之疏远而去了。

我们生活中常讲的两个词，一叫"开拓视野"，一叫"国际接轨"。开拓什么视野？没有内视野，就会有外视野吗？没有内视野，能看到外视野吗？"视而不见"，不是没有视野，而是"见"的问题没有解决，虽有视野，也所见不广。"见"的问题，就是人的内视野了。与国际接轨，接什么"轨"？只接做生意的轨、进出口的轨、旅游度假的轨吗？非也，最根本的要接文化的轨，生存智慧的轨。

　　什么事，都有一个"背后"——人人不容易注意到，或者根本看不到，甚至想也没想到的那个"背后"。小时候读《邹忌讽齐王纳谏》，其中说"妻之美我者""妾之美我者""客之美我者"，原来那就是邹忌的悟性，他看到了"美我者"的背后。

　　我们的认知太有限了。能看到那个"背后"，认知的局限性就少了。

人类既要观照世界，也更应观照自身。你，不也应该这样吗？

东方推崇圣人，西方崇拜英雄。

圣人讲道德，英雄讲征服。

沈善增沈先生的研究指出：东方是崇德文化，西方是崇力文化。

我们从五千年历史走来，但你有历史感吗？你懂得中国的文化历史与历史文化吗？

老子所说"无为"（沈先生新解：不该做的不做）、"无智"（不持有个人的固执之见）、"无欲"（不要放纵自己名与利的私欲）、"处下"（上者要谦卑，要学会处下）、"处弱"（强者要会处弱）、"唯小"（大者要唯小）、"守中"（协调全局，平衡各方面的关系）这和我们佛教讲的无我、利他、慈悲、放下、自求、内求，不是完全一致的吗？

佛法为什么能在中国存在而不能在印度存在？就因为佛法的人文精神、道德精神，与中国本有的儒家精神、道家精神完全相融相契，相兼相合。所以，佛教在中国生根，并且发扬光大了。

佛家讲善。什么是善？善就是对一切生命的尊重，对一切生命的关怀，和对一切生命的救护。佛家的护生、放生、惜生，慈悲悯生，即是此理。

一个以毁灭他人为乐，对毁灭生命具有无限激情的人而言，他的内心还有和谐，或者，还懂得与一切生命和谐吗？他恐怕只能走向人的对立面去了。

中国人讲道。老子讲道，孔子讲道，佛教也讲道。什么是道？道，就是救人的一条路。当然，也是救你、救我、救他的一条路。

一个不能了知空性，不能悟得空性的人，就不是一个完全理性或具备了真正理性的人。只有知空、悟空，而又破除空执的人，才是一个真正理性的人。

为什么一个人，会漠视真相，顽固地坚持他的判断，总要把错误说成真理？就因为他懒惰，因为他固执，因为他偏见，因为他无明，因为他愚蠢。

你为什么要走进佛寺来？我认为，走进来，就是为了感受一种境界。拜佛，不是拜的偶像，不是拜的神灵。而是崇敬老师，崇敬一个伟大的人格，崇敬一种至高无上的道德精神。你能体悟、体认到这一点，你就真的得到一次身心的自我洗涤，得到一次生命的智慧开启了。这不是佛给你的，这仍然是你对你本有的清净自性的一次体认，一种探寻，因而，这就是你对清净自性的一次回归。

佛家的戒定慧三学，对任何人而言，都是最有价值的。"心地无非自性戒，心地无乱自性定，心地无痴自性慧。"这三个无——无非、无乱、无痴，正是自我管理的大学问，是管理好自己生命的最高智慧。简言之，这也是佛法的全部真义。

人的死亡，大概有两种：一是他断气了，装进了棺木或火化了。一是他失常了，他走向邪门邪道，再也听不进别人的劝告，他向死路、绝路走去，拉也拉不回来，他的心，死了。他从人之所以为人的正道上消失了。死亡，就是一种消失，一种毁灭，你说对吗？

死亡不可怕。一个又破又旧又糟糕不堪的生命体，已经走到了生命的尽头，难道不该死亡吗？旧的死亡，正是为了一个新的生命体的诞生。一个新的生命体的重生，正是旧者死亡后的必然结果。冬天死亡了，春天就到来了。

一个人，如果懂佛教，那他对自己、对生命会有不同的认识。

佛教把一切生命分为有情众生、无情众生两大类。植物（花、草、树、木、田禾庄稼）称为无情众生。动物（胎、卵、湿、化）尤其胎生（猪、马、牛、羊）、卵生（鸡、鸭、鱼、虾）等称为有情众生。这是很有道理的，因为，虽属动物，却有情感反应。最近阅报得知：

阿根廷一个才一岁的幼婴，被父亲遗弃于街头，有八只流浪猫悉心照顾，这些猫围在一起，替婴儿取暖，又寻找许多残羹剩饭来喂养他。猫用猫的方式，养活了这个幼婴。

中央电视台特别介绍了重庆消防队一只搜救犬，5月12日汶川地震后，这只狗奔走灾场七昼夜，救人甚多，舌头遭碎玻璃割破，血流不止，它仍不退缩，忙于救人，看到死者，还会哀鸣垂泪，似乎比人还义气。

香港观塘丽港城一日发生罕见"呷醋老猫"伤人事件。一只被主人饲养了十年的老猫，因家中新添了一名两个月大的女婴，原本集万千宠爱在猫身的情况，顿时改变，全家人的注意力都转移到了女婴身上。怀疑老猫备受冷落而呷醋，昨日老猫狂性大发，连环抓伤了男女主人，不得不送院敷治。

以上报载这正反两方面的例子，不正是说明了有情众生的"有情"吗？

人的最后，就是一条路。不管是谁，只要是人，谁都得走这条路的。什么路？最常用常见的说法，就是"死路一条"。这条死路，是非走不可，非去不可的，谁也让不了。那么，在走之前，我们来弄清楚这条路，有什么不好？弄清楚了，这才是真正的人生。弄不清楚，只能是糊涂的人生。叫糊里糊涂虚度人生，糊里糊涂走向了"死路一条"。这是真的一切悲哀中的悲哀。

我们有个新词，叫"保健"，什么保健食品，保健医生，保健治疗……不一而足。我想，我们最需要的是行为保健，是心态保健，是思维方式保健，是行为选择的保健。

中国探月卫星"嫦娥一号"，是怎样成功发射的？它比原计划节省了 200 公斤发动机燃料，这就等于足以使嫦娥一号比原计划可以多绕月一年以上。这个历史创举是怎么得来的呢？

地球——此岸，月球——彼岸。

由此岸到彼岸，必须：一、克服地球引力与其他天体引力（主要是太阳的引力）。二、冲破大气层阻力。三、再到达月球的引力场，为月球引力所捕获。完成了上述三项，这才能高速、节能、绕月飞行。这才能成为绕月卫星。

这就给我们以很有价值的思考：人要超越自己，人要脱离习惯性轨道，也是冲不出阻力，走不出引力啊。外（引力）：名利、是非、得失。内（阻力）：妄念、执着、负面思维、贪嗔痴慢疑。身不由己，我们能不能进入另一种生命的轨道呢？

　　嫦娥一号的成功，是在精确设计了一条最简单的轨道。这里最关键的是轨道变换，即变轨，总共要进行十次变轨。在理论上，空间存有无数轨道，而最佳、最适合你的轨道，只有一条，设计者必须找出这条最合理的轨道，这就是"地月转移轨道"。因此，嫦娥一号，从发射、入轨、变轨，实现轨道转移，再入轨（十次变换后），最终进入月球（绕月轨道）才能达到成功。

　　这对我们人生的启发太大了。我们的生活中，有多少条生活的轨道啊，各不相同，选择错了，就耗能太多了。不可能一次成功，也必须变轨。变轨，是进入最佳轨道所必须的啊。变轨，又不能出轨，变轨又不能变错，外面的引力太多，太复杂。沉迷打机、上网，被网上世界所沉迷俘虏，还有许多不负责任的电影、电视、音乐、连环画、网络世界，散播的都是自杀、跳楼、黄、赌、毒，许多年轻人不按轨道行事，而打着追求自由，我行我素的旗号。只有克服种种虚幻不实的欲望的引力，真正进入生命智慧的轨道，那在人生道路上才能事半功倍，直至超越此岸，到达彼岸的另一境界，即开悟成佛的生命境界了。

　　入轨处在哪里？在学佛。这个"入轨处"就是佛陀的"八正道"。

　　人，不能没有信仰。信仰，就是皈依处。皈依处，就是人的前进方向，目标，就是你走向何处去？路可不能走错啊！

第二章 爱与生命

人的最大盲点，是不懂得生命管理。人的最大弱点，是不了解生命、不尊重生命。人的最大致命伤，是缺少生命关怀。

◎爱的态度与慈悲

佛家所说的慈悲，是一种关怀，一种对自私自利的鄙视和摒弃。讲慈悲，是真正体现了人类全体利益、整体利益的关怀和维护。只有维护了人类的整体利益，你的个人利益才能真正得到维护。

只有拥有和谐的环境、和谐的人际关系、和谐的人与自然的统一，人类才能得到快乐，得到自在，得到幸福。

爱有两种心态：一是索求和占有，这是非理性的爱；一是奉献和关切，这才是理性的爱。

有一句名言：不是爱情产生嫉妒，而是自私。

自私就是为了利己。其实，自私不能利己，只会害己。利人、利他，才会利己。

有人说，爱情也可能是"病毒"。因为它有致命的杀伤力，由情与欲而引起的战争、病情、灾祸还少吗？还有人振振有词地说，即使不是瘟疫，爱情有时也会使人发疯、发瘟、发癫。我想，这是一句气话。爱情本身不会是病毒，病毒恐怕还是在病态行为者的内心。不清净内心，爱情才会变味了、变质了、变异了，但那是爱情的错吗？

为善使人知，这叫阳善。阳善易得名，在今天就叫知名度。知名度一高，名高福消。若不培福造福，这知名度的"名"就会变质。为善人不知，这叫阴德。阴德易积累，今天就叫储蓄。储蓄可以增值，越积越多。厚德载福，自然福报无尽。

我们都曾经接受过别人的帮助，这世上还有更多的人需要帮助。我们也把帮助送给别人，这就是把善的种子播撒到人的心田。

人际之间，心与心是互相响应的。别人的反应，往往正是我们自心的写照。你以关怀待人，人也会以关怀待你。

我们的地球村是人类的家园。人需要关怀，一切动物、植物，大自然的一切生态都需要我们的关怀。人类是一个整体，人和大自然也是一个不可分割的整体。

◎生命的意义

晋朝陶渊明，放弃彭泽县令不做，解印回家，不为五斗米折腰。他在一首《饮酒诗》中说"寒暑有代谢，人道每如兹"，陶的悟性进入了生命状态。

悟性生活化了，生活审美化了，所以才能"采菊东篱下，悠然见南山"。他回到离污去染的生命本然，以享受人生的洒脱。

窗外满是绿草，出门便见青山。人与自然本是一个整体。可是，我们不知道自己本是大自然的一部分。我们总要与自然作对，甚至把自然当作了敌人，以为那是可以任意掠取、肆意破坏的。你破坏了大自然的和谐，你自己就很难和谐了。有许多天灾皆自人祸来。可不慎哉！

真正的完美——十全十美，生活中恐怕是找不到的。有四全四美、三全三美，也就很了不得了。只有从不完美，才能走向完美，趋向完美。不完美，正是完美的前提和基础。

现在时尚美容。美容离不开化妆。化妆不是梳妆打扮，而是心灵的组成部分，是生命的整体。因此，化妆的境界是天然，是"清水出芙蓉，天然去雕饰"。化妆无妆，方为化境。

人会老，地会老，天也会老。但人的生命不会老，一切生命都不会老。

对人而言，生命不是身体。生命是智慧，生命是成就，生命是精神世界。

孔子说："不知生，焉知死？"也有人说："不知死，焉知生？"对生与死的无知，不能不是人的悲哀。我想问：有几人对生命做过终极思考？生命如此可爱，不知生命，不能认识生命、觉知生命，便不能活出生命的意义。

有线穿不得——双泪珠。双泪珠怎么掉下来？因为有痛苦。

有刀剪不得——心中愁。心中愁怎么剪不断？因为太执着。

有钱还不得——相思债。相思债怎么还不得？因为理智战胜不了情感。

一句话：心中缺少智慧。

人的最大盲点，是不懂得生命管理。人的最大弱点，是不了解生命、不尊重生命。人的最大致命伤，是缺少生命关怀。

我们需要补一门课：生命的教学。热爱生命，就是体现自己；追求生命，就是发掘自己；管好生命，就是提升自己；开启生命，就是找回自己。

向无疑处起疑，是聪明；在有疑处断疑，是智慧。

智慧本来就存在于我们每一个人的心中，真理本来也就存在于我们每一个人的心中，只是我们没有发现，或者我们还不知道我们本来就拥有这一无价的资源。为什么没有发现？因为我们把自己的心闭锁了，我们没有打开自己的心。

打开自己的心，发现自己本有的智慧，那就是从黑暗中见到了光明，从混乱中理到了头绪，从迷茫中看到了方向，从困惑中找到了清醒，从痛苦中得到了解放。

这不就是一种觉悟吗？

佛陀告诉我们：不要纵欲，也不须苦行，这两者都是偏执，不利于精进。要行中道，只有凭健康的身体、清醒的心灵、正确的知见、明确的方向，才能产生智慧。

智慧不是知识，虽然知识里有智慧。知识固然重要，但智慧比知识更重要。知识是定型的、范式的、不可变更的，而智慧是开放的、鲜活流动的、非定型的、可变的。

知识往往把思想凝固化、模式化、教条化、标准化了，而智慧能扫除障碍、冲开阻拦，把思想启动，把道路打通。所以智慧高于知识，智慧点亮了心，驱除了昏暗。

智慧在哪里？在你的本性世界、自性世界——心里。智慧不是商品，无处购买；智慧不是对象，无从寻觅。它是你本有的。

觉了，悟了，那就是智慧。

你没有打开你的自心，所以你还没有发现你的智慧。佛性也是本有的，真如也是本有的。你发现了，你就证悟了。宇宙万物的本体，就是真如。所以《华严经》里说："一即一切，一切即一。"

"迷信"这个词，是从佛教来的。因为佛教反对迷信，提倡正信。《大智度论》卷七十二云："闻说而信者，此中不名为信。智慧知已，名为信。"听人说而信，不叫信。由智慧而生起的信，才是真正的信。

"信"的本身，就是智慧。

知识可以承传，而智慧无法承传。知识不能给你幸福，而智慧才能给你幸福。一个很幸福的人，却抓不住幸福，那就等于没有幸福。

机会只有一次，错过了，不会再来。

能抓住这次机会，不失去这次机会的便是你的智慧。

古语：谣言止于智者。我看，恐怕未必。智者传谣的事还少吗？美国新泽西州一个15岁男童，以8000元本钱，低价购入不受注意的蚊型股，然后以假名在网上吹捧这些股票。他从中获利28万元。利用公信力的媒体，发布虚假消息，其后果说明：智者传播谣言，将更可怕。

有人说品德和智慧有如鸟之双翼，缺一不能飞。智慧好比人的眼睛，品德好比人的腿和脚。有了腿才能站立，有了脚才能行走，有了眼睛才能看清方向。

品德又如车轮，可以运载人走向理想与光明。而智慧才是钥匙，有了它，才能打开人生的理想与光明的大门。

●关于爱、生命、慈悲的睿语

你是花朵，你把春天带给了每个人。
你是光，你的光又点燃了我们每个人的光。

说你用你的光照耀了我们，毋宁说，是我们每个人都用自己的光照亮了自己。

只要我们的生活中，有爱、有美、有声音、有关怀、有人的感悟，我们这个世界，就充满了希望。

幸福的观念，是无限可变的。人的价值观，也是无限可变的。不管怎么变，**只有被你体验到的幸福，才是真正的幸福**。只有道德心、平等心、慈悲心，才是人类最根本的价值，最基础的价值。

喜悦的体验，是高层次的，那不仅仅是紧张的解除和压抑的释放。两人相爱，从和谐相处，达到内心喜悦的体验，那才是心灵层次的境界，这难道不应该珍惜吗？

理性在哪里？理性在理解别人，宽容别人，忍受一切人，慈悲一切人。慈悲，是高尚的感情，高尚的品格，高尚的人格状态。**有了慈悲，才有了真正的理性。**

EQ（情商）最高的人，是最能体谅别人难处的人。理解别人的难处，又能体谅，给予支持，这不就是一种慈悲心吗？

爱的根本是接纳，亦即接受和容纳。失去了接纳，不能接纳，爱在哪里？

一个人的爱，如果不能唤起别人的爱，即不能唤起对方的爱，那么，这个爱，是失败的。既是失败的爱，有什么留恋，有什么不能割舍呢？

片面的爱、失败的爱，若不放弃，就是执着，就是迷误。

有些人，把爱情理想化了。爱情的命运并不取决于爱情，而是取决于互爱者双方的心理素质，也就是双方的精神境界。爱的自觉，取决于人的心灵的理性自觉。

没有爱的自觉的人，是永远不懂得爱情的。

谈情说爱，青年人免不了。小说、诗歌、戏剧、影视作品中，更是家常便饭。但真正懂得什么是爱情的，恐怕不多。

当爱情成了具有爱情天赋的人的才能与艺术，那么，不具备爱情天赋的人，恐怕就与爱情不相干了。有些人，几乎与爱情就是绝缘的。

爱情是婚姻的基础，许多人都这么说。我看，那也未必。对于某些人，确实是因为爱情，由情而婚。但对另一些人，根本不是，也不符合。有些人的结婚，不是糊里糊涂，就是各有图谋，各有算计，各有需要，各有无奈。甚至有些就是一场骗局，那当然与爱情无关。

生活往往很吊诡，建立在爱情基础上的婚姻，可能比并非建立在爱情基础上的婚姻更加不幸。佛家讲无常，爱情难保鲜。单纯的情感因素并不完全是家庭幸福的保证。

爱情很浪漫，婚姻很现实。

爱情——话还没有说完，事情也还没有做完。

婚姻——话已说完了，事情也做完了。那就要过日子了。婚姻就是把日子过好，好好过日子。

爱之所以刻骨铭心，是因为那忘不了无法兑现的承诺。

情不变，天变，你将奈何？

爱情不可能有血腥味的吧，有血腥味的爱，还能叫爱吗？

在香港，生活困难，买一套房子可是一件负担不起的大事。婚姻的元素，当然不止爱情一个。房子、车子、过日子、生孩子。一个人活着，已经很麻烦，多一个，再多一个，这下就更麻烦了。古人把婚姻说成"终身大事"，是很有道理的。

爱情是什么？歌德没有说清楚，普希金没有说清楚，曹雪芹也没有说清楚。莎士比亚、托尔斯泰、雨果、陀思妥耶夫斯基都没有说清楚。只有我们的《金刚经》说清楚了：所说爱情，即非爱情，是名爱情。

有人问：什么是情感的误区？

请看看现实吧：

吵架、哭喊、厌倦，一见就反感、讨厌。七年之痒到了。婚姻失败了。不离开比离开更难，离开比不离开更不可能。

请听她的陈述：

结婚时，这是我唯一的选择，他是我在这世界上最了解的人。

离婚时，这是我毫不犹豫的选择，他是我在这世界上最不了解的人。

结婚时，我们因太了解彼此而结合。

离婚时，我们因最不了解对方而成为一对陌生人。

但实际上，我们因不了解而结婚，因为太了解而离婚。

结论是用这种方式分手吧：财产归他，错误归我，只求 Bye-bye。

Bye-bye 了，问题真的解决了吗？这就是情感的误区。

据说，现代女人最爱的是：生活富足，出入上层社会，和明星、名人做朋友，被众人所呵护羡慕。太好了，妙不可言，可是有几个能达到？又有几个能这样经常保持下去？想得到，得不到，这不是情感的误区是什么？

"同想成爱，异见成憎"，想到一块儿去了，两意相投，就产生了爱。见解相左，意见分歧，就产生了憎恨。你看，一个"想"，一个"见"，成了人生的分岔点。所以，我常说，破戒不可怕，破见才可怕。戒破了，可以改正，可以忏悔，可以消除。"见"破了，"想"错了，"见"错了，一切就都错了。所以，**八正道中，正见为第一。**

硬实力只能让人生畏、让人却步，不能让人心服，更不能让人喜欢。**使人心悦诚服的才叫软实力。**佛法提倡慈悲、圆融、解脱，佛法才是真正的软实力。

你要懂得什么是软实力，最好的途径是懂得佛法。

现代人为什么活得不自在？因为观人不自在、观事不自在、观境不自在、观理不自在、观心不自在。

所以要学习观世音菩萨叫观自在。**观一切皆自在。**

十八世纪德国哲学家叔本华（Arthur Schopenhauer，1788—1860）是对佛教最感兴趣的思想家，他认为佛教是最具理性、伦理学内容最为丰富的宗教。

爱因斯坦曾经公开说过：我不是宗教徒，如果是，我一定是一个佛教徒。

20 世纪五十年代，日本铃木大拙将禅传入西方，引起了西方心理学的巨大变革。

美国维吉尼亚大学教授杰弗瑞·霍普金森（Jeffery Hopkinson）到藏传佛教寺院接受佛学训练五年，成为国际知名的藏学权威。

英国布里斯托大学宗教系的柯新斯教授（Lance Cousins）是巴利文权威，也成为南传佛教徒。

美国加州大学伯克莱分校理论物理学家、系统论专家卡普拉所著《现代物理学与东方神秘主义》一书中说道：《华严经》思想与现代物理学的理论模型之间有惊人的相似性。佛学理论与现代物理学的相对论，量子场论，有惊人的平行性。

我举出这些例子，是说明西方人或在西方文化浸润下成长的人，也已认识佛教，接受佛教了，可是，自己本是身在中华传统文化中成长的人，为什么却不能认知佛教，不能接受这份珍贵的文化资源呢？

偶像崇拜实质上也是一种价值崇拜。偶像崇拜只是现象，而价值追求才是本质。

人，为什么会来到这个世界？可以说，谁也没有征求"我"的意见，或者，没有得到"我"的同意，"我"就被抛到这个世界上来了。最后呢，也没有得到"我"的同意，"我"又被剥夺、被强行离开这个世界了。在这两者之间，"我"是被迫适应生活、适应环境、适应一切人事关系。人如果不情愿，人就有不可忍受的孤独、失落和无奈、无能为力。

人是有可塑性的。改变一下吧：如果化不情愿为自愿，化不同意为同意，化孤独为崇高，化失落为上进，化无奈为希望，化无能为力为生命力无穷，那只有佛法智慧。

在弗洛伊德看来，人，是一台机器，它受力比多（libido，性力）驱使，是非常自我本位的。他与其他人的关联，就是因为自身的利益和本能欲望的需要，所以，他认为人是一个孤独者，是一个竞争者，是一个力图打败别人、超越别人的人。他如果要控制自己，只要把力比多的兴奋量保持在最小值就行了。

他还认为乐趣就是紧张的解除，而不是喜悦的体验。这是弗洛伊德的观点。

今天的西方文化，不就是灌输这样的观点给我们吗？

佛教当然不是，中国的传统文化也不是。人不是一台机器，人与人之间的关联，也绝不仅仅是利益和本能欲望的需要。人能够自觉，能够自我觉醒，能够懂得爱，懂得慈悲，人能够关怀他人，帮助他人，人有比个人利益更崇高的追求。

佛教的慈悲心、平等心，佛教的圆融性、包容性、开放性、适时性、方便性、社会性、普世性，这不都是当代社会文明与和谐世界的需要吗？

佛说一切法，为度一切心。若无一切心，何用一切法？你的一言一行，能离开你的心吗？你的所思所想，能离开你的心吗？你对你的心，有多少认知呢？你不能认知你的心，你还能成为你吗？请从佛陀的智慧，来认知你的自心吧。

佛家讲功德。什么叫"功德"？

功，指行为的善。做好事，不做坏事、恶事，就叫善行。善行就是功。

德，指心灵的善。存好心，不存恶心、歹心，就叫善心。善心就是德。

恭敬三宝是功德，恭敬一切人也是功德。布施供养是功德，关心别人，帮助别人，成就他人也是功德。孝顺父母是功德，照顾老人，照顾一切人，关怀一切生命，都是功德。

《梵网经》中还把看护病人列为八福田之一。贤首大师《梵网经·戒本疏》中亦唱：供养病人，救治苦厄，得福无量。

第三章　宽容、放下与忍耐

有的人只学会追求胜利，却没有学会接受失败。有的人只学会得到，却没有学会放弃。只有懂得接受失败、告别失败，懂得放弃、主动放弃，才能马上成为转变命运的赢家。

◎善待别人就是善待自己

宰相肚里能撑船。你对人宽容，归根究底，就是对自己的宽容。小肚鸡肠，你不放过别人，到头来也就是跟自己过不去。

心结让你愁肠百转，心结让你同别人仿佛隔了一堵墙。人，最难解的是心结。只要解开心结，眼前便是一番新境界。

有缘顺缘，无缘随缘。

世上本没有绝对的谁对谁错。对与错，都是自己心中的价值判断。一个处处计较别人、指责别人、不能容人的人还能正常生活吗？

大海所以大，是因为清水可以流进来，浊水也可以流进来；鱼龙虾鳖有，泥沙草石也有。它没有选择谁、拒绝谁，所以大海无不容之量。

人最可贵的是有一种开放、宽容的襟怀。开放是一种智慧，宽容也是一种智慧。世界本来很开阔、很宽广，为什么你的心胸不能开阔、不能开放呢?

◎善待别人，最终还是善待自己

天空是开放的，大地是开放的，江河湖海也是开放的，你为什么不开放? 你的心为什么不开放? 真正的开放是心灵的开放。

一个没有包容心的人，人际关系会很紧张。一个没有包容心的人，路会越走越窄。**包容心是福。量大福大。**

一杯清水，可能因为落入一粒泥，水就不能饮用了。一对朋友，友谊数十年，可能因为一句伤感情的话，从此成为路人。一个美满的家庭，也可能因为某一小小失误，竟演变至妻离子散，家破人亡。生活中因小失大的事，太多，太多。

请允许各种存在。该来的就来，该去的就去。瞬息万变，才不会僵化、不会凝固、不会死气沉沉。世事无常，所以才有希望、才有未来、才有发展、才有伟大的新生。宽容从我们内心开放，智慧就在行为中体现。

人，往往做不了自己的主。实际上是自己做不了自己念头的主。人对自己的念头没有自由。于是，离奇的、不合情理的、出人意外的傻事蠢事，损人不利己的事，害人又害己的事，都会制造出来。

为什么? 因为人不肯放下。

东南亚有一种捕捉猴子的方法: 用一个木箱，将美味的水果放入，箱子上开了一个小洞，大小刚好够猴子的手伸进去。猴子伸进手去，抓住了水果，手就抽不出来，除非它把手中的水果放下。但大多数的猴子，都不肯把手中的东西放弃，以致猎人走来，轻易就把它们捉住了。像猴子一样不肯放下的人的悲剧，在生活中还少吗？

一位老太太被抢匪抢去了钱包。回到家，她对家人说，我今天有四件事要感谢上天之恩：以前我没有碰到过抢匪，今天碰上了；虽然他抢了我的钱包，但没有夺去我的性命；虽然抢走了我的钱，但数量不多；是人家抢了我的，而不是我去抢人家的。

怎样看待不幸？以感恩、赞美来看待，不仅释怀，而且充满喜乐。

这是真正的放下。

你知道什么叫"无绳自缚"吗？

阿秀是个很朴实、很真诚的香港女性。她的同居男友三年前失踪了。阿秀苦苦寻找了三年，终于有了下落。那男人已去大陆，在大陆住下了，身边有了另一个女人。

阿秀受不了这一打击，茶饭不思，无心工作，也无法忘记（早已背叛了）她的男友。她不但痴痴地等他回来，甚至怕他没钱，寄钱给他，怕他没有衣服，买了新的衣服寄给他。可是，那男人拒绝去取，不接受她的一片真诚。

阿秀瘦了，憔悴了。她把一腔痴情投向了毫无回报的深渊，陷在苦恋的痛苦中不能自拔，朋友们都为她焦急，却帮不上她的忙。最终，她从八楼跳了下去。

阿秀看不到自己的盲点：男人走了，说明当初的缘已经散了。男人不去取钱、取衣服，说明破镜重圆的可能性已经消失了。

阿秀看来太重感情，然而感情是相互的。对方的感情已经不再存在了。为什么不肯放手这个没有希望的希望？为什么要把自己的命运交给一个不负责任的男人？为什么要苦恋一个不值得苦恋的人？

最大的迷误是：该放下的不放下，就只能自讨苦吃，自己虐待自己。

尊严比爱更重要。这不是爱，是自投自设的陷阱。这就叫"无绳自缚"。放下就是自在。人，要做自己的主人。

◎放下不快乐就是快乐

什么是快乐？把不快乐放下，就是快乐。

有想即有妄，无求便无忧。

人，做不了自己念头的主。念头不请自来，杂念太多，人哪有自由可言？放下杂念，人才能获得自由。

有的人只学会追求胜利，却没有学会接受失败。有的人只学会得到，却没有学会放弃。只有懂得接受失败、告别失败，懂得放弃、主动放弃，才能马上成为转变命运的赢家。

忍耐，不是软弱，不是退缩，不是苟安。忍耐，是勇猛，是无畏，是精进。有忍耐心、忍耐力的人，是具有强大生命力的人。

佛门禅宗公案中有一则"牛过窗棂"的著名典故。五祖法演禅师说："如水牯牛过窗棂，头角四蹄全过，不知何故尾巴过不得。"这就是一则最发人深省的、点破上述"困境"的禅门公案了。

这位五祖，不是中国禅宗从达摩初祖以来承传次序的第五祖（那是东山弘忍大师），而是唐代蕲州五祖山的法演禅师，他是临济义玄门下第九世祖师，在禅宗史上也是赫赫有名的。因住五祖山，而名五祖法演。

牸是母牛，淡褐色，南方的水牛大多数是这种颜色。窗棂是窗户格子，也有人称为棂子。庞大的牛身（包括头、角、身躯、四蹄）居然能穿过小小的窗棂，但不知为什么最后却被一条小小的牛尾巴拖累，过不去了。

人生常有这样的困境。生活中有得有失，有取有舍。你最难放下、最不肯割舍的就是那最后的一根尾巴。

让我们深思：整个身子都过去了，尾巴为什么过不了窗棂？

◎一切由缘而生

人世间的一切，皆由因缘而生。人一生的遭遇，皆由因缘而起。有的人，办事很顺，吉星高照，可能他的人缘很好；有的人谋事不成，倒霉连连，可能他的人缘很差。在相同的环境下，会有不同的遭遇或人生经历，这不奇怪，这是各人的因缘不同。缘不到，不要自馁，不要失去信念；缘到时，自然顺风顺水。天无绝人之路，人无绝望之理。

人世间的一切事物、一切现象的产生，都是由于相对应的互存关系和具体条件。离开了关系和条件，就不可能产生任何一件事物或现象。这就是科学上的因果法则。果由因生，有因必有果。关系，就是因果联系。条件，就是因果的相互依存。

一切事物、一切现象的产生，皆由关系（因）和条件（缘）而来，离开了关系和条件，就不可能产生任何一件事物或现象。这就说明：**世上没有造物主，世上没有既定的、永恒的命运。**所以，你才是你自己的主人。

既然一切事物、一切现象，皆由关系（因）和条件（缘）而生，那么不同的关系（因）不同的条件（缘）也就产生了不同的结局。所以，什么因结什么果，因果永远相符。

因由因生，缘由缘起。从时间来看，无始无终；从空间来看，无边无际。不仅没有神化的造物主、救世主，也没有作为宇宙来源的理性化的存在。事必有因。世间万事万物，皆受必然的因果规律的支配。

一切事物、一切现象，都在运动变化之中。简言之，就是"生灭"。我们人的身体内的细胞，无时不在生住异灭的变化过程之中。人的一生，就是走完生老病死的全过程。宇宙空间，小到原子，大到星球太空，无不在运动变化之中。**世界上的一切存在，都是变化无常、生灭相续的存在。**

世界上永恒不变的就是变。

●关于宽容、放下、忍耐的睿语

我来解释佛经，我来演说佛法的道理，是"我"在说，就必然有了"我"的理解，"我"的评价在内。也就必然有了"我"对佛经含义，"我"对佛法道理的重建或再创造——这就是解释学中的"本义"与"释义"两大问题。

其实，任何"本义"，依然是被我们来解释、来说明的本义。我们无法知晓释迦牟尼当初所说时他想的是什么？他知道的是什么？他为什么要这样说？我们根本不知道。我们今天来说他的本义，实际上还是我们自己所理解、所认为的解释义。因为，任何本义，都是由人说，由人解释，由人宣称的。因此，所谓本义，依然是人为的解释义。

内行看门道，外行看热闹。热闹和门道，都首先是被"看"——正面看、反面看、顺着看、倒过来看、偷着看、正大光明的看，反正都是看者自看，是"看"的结果。所以，解释，是"看"了以后的解释，是理解了的解释，当然，必须是、应该是合理、合情、合法、合乎真实的解释。

我们说的是理性，讲的是理性，可是，我们面对的人和事，都是感性的，都是带着情感反应的。甚至那情感爆发出来，可能还使你措手不及、不知所措呢。这时，你太理性了，有可能会适得其反。你理性，坚持理性，并没有错，可是，请先理解感性，宽容感性，并且也讲究一点儿感性吧。诚能如是，才是真正的富有理性。

得意，失意；如愿，违愿；顺境，逆境；开心，难过；微笑，泪痕，都是你人生的一部分。珍惜它，体味它，感悟它，没有分别心，你就不是一个凡人，而是一个真正的超人了。

一个人，要想取得成功，他必须作出许多牺牲，经历许多辛酸，甚至还有许多不能为外人道的曲折与冤屈。带着一连串的有形无形的枷锁，他才到达了成功的目的地。这就叫神奇，叫付出，叫得到。或者，也叫幸运。但这是战胜了无辜与不幸之后才可能有的幸运。

唯高贵者才知谦虚，才能谦虚。唯谦虚者才能容人容物，才能知惭知愧。一个知惭知愧的人，就脱离粗俗，走向善、走向美了。用基督教的话说，就脱离那"一半魔鬼"走向"另一半天使"了。

"请别以为我是孕妇。我还没有出嫁呢，只不过我有点儿胖。"把胖乎乎的女人当成了孕妇的人，还少吗？为什么？因为那是错觉。

因错觉而烦恼的人，还不应该把错觉放下吗？

这是我从报纸上摘下来的一段文字：

感情上的唯物主义提醒你，没有物质，会多么困难。

唯心主义则告诉你，有爱情是多么幸福。

请看：唯物主义与唯心主义是这样解释的吗？我们有许多人，正是这样来解释"唯物"与"唯心"的。

作家高慧然说："我们不一定能得到，但肯定会失去。"说得太好了。人总是在不断地失去：失去了婴儿期，才得到了童年；失去童年，才变成了少年；失去了少年，才成为了青年；失去了青壮年，也就必然走向老年了。人生的全过程，差不多就是不断失去的过程。突然失去，慢慢失去，不知不觉地失去，快乐地失去，痛苦地失去，微笑着失去，号哭着失去，谁没有面对失去？我们不要只学会得到，还应该学会接受得不到，更要学会面对失去，接受失去，告别一切失去。

有的人，只学会成功，没有学会失败。

有的人，只学会获得，没有学会放弃。

有的人，只学会接受鲜花和拥抱，没有学会孤独和寂寞。

只有学会失败，愿意失败，才能走向成功；

只有学会放弃，愿意失去，才能获得；

只有学会孤独和寂寞，才能接受鲜花和拥抱。

人要学会珍惜——

珍惜当下，当下的积累，就成了过程。过程的别名叫历史。

珍惜缘。缘就是关系。关系是最宝贵的财富。

珍惜放弃。放弃眼前利益，正是保护了长远利益。

珍惜得失。得，来之不易。失，为你提供了人生体验，人生感悟，是人生又一得来不易的财富。

珍惜好心情。有好心情，就有一切。

我们很多人，不知道珍惜当下，不知道珍惜眼前，总是把眼前已有的幸福放下，去追求根本得不到的东西。也有人只认为失去了的才珍贵，不知道珍惜当下所拥有的，而是整天为失去的伤心痛苦，活在失去的阴影之中。

求不得苦，是人生八苦之一。既然得不到，又何必费尽心机，耗尽精力去谋求那得不到的东西呢？舍尽自己的现有，去追寻那个得不到，这不是一种虚妄吗？而那已经失去的，又何必苦苦思恋呢？任你百般后悔，千般焦虑，它也不会回来了。人，舍弃了当下，不顾当下，偏要活在已经失去的忧悲苦恼之中，那不是一种迷误吗？

得不到的，本来就不属于你。失去了的，本来就该当失去。来有缘，去有因。人在经历了许多磨难痛苦和烦恼以后，才终于明白，原来人最值得珍惜的就是当下，当下的才最宝贵。

活在当下，珍惜当下，就是智慧。

人最可怕的不是挫折，不是失败，不是丧尽颜面。人最可怕的是两个对象：一叫贪婪，一叫恐惧。贪婪，会让人失去理性，失去冷静与判断；恐惧，会让人失去信心、失去勇气、失去希望，同样，也会让人失去了冷静与判断。贪婪与恐惧往往是相连、共生的。越贪婪的人，就越恐惧，时时贪图得到，时时又恐惧失去。所以，对我们的内心而言，杀手不是挫折和失败，而是贪婪和恐惧。正因为贪婪和恐惧，又让我们忽视了或者无视我们最宝贵的应该是珍惜当下。

钱能买到很多物质的东西，但是，钱能买到亲情，能买到幸福，能买回青春，能买到健康和快乐吗？

无意中读到作家李纯恩先生的一则短文《老上海》。一群生活在香港的老上海人聚会吃饭，免不了都回忆以往不同年代在上海的生活。归结起来，无非两个字——荒谬。

"荒谬"这个词儿，到底怎么解释呢？我有查字典的习惯。《辞渊》解释：大错误。《现代汉语词典》解释：极端错误，非常不合情理。《新华词典》：毫无道理，极端错误。不必再查了。荒谬的本质就是错误。荒谬的，肯定就是错误的。荒谬的存在，不正是错误的存在吗？

香港才子陶杰，我是知道的。原来他是上海人，对此我却孤陋寡闻。读李先生文章，才知道陶先生，虽然生在香港，小时候也跟父母回过几次故乡。他说1965年回上海，看了一部抗美援朝的电影叫《打击侵略者》。从戏院出来，走在马路上，大声问他妈妈："怎么朝鲜的首都叫平壤，而不是汉城？"他妈妈闻言，不由分说，一个巴掌抽过来，脸上顿时添了五根红印。这是不是荒谬呢？如果是，那么，是孩子（陶杰）的错？还是陶妈妈的错？我看谁都没有错。那么，有不是错误的荒谬吗？我想肯定有。错误发生了，谁都没有错误，我想这就叫荒谬。

美国有个著名电影演员阿诺德·施瓦辛格（Arnold Schwarzenegger）在竞选加州州长时，反对者把鸡蛋扔到他身上，他面不改色，眼珠连转也没转一下，没有一点儿失态，这就可见他多么成熟。用佛教的语言来说，他的定力，已经很了不起了。

人生是一个过程。在这个过程中，在这个现实世界里，你会遇到某些乔装客，遇上某些乔装品，总免不了受骗，上当，吃亏，甚至是吃足苦头。不要怕，不要怨，不要仇恨，不要悲观泄气。每个人，少不了都要经历这个被欺，自欺，而后也会欺人的怪圈。在这个怪圈里经历多了，感悟也慢慢来了，那不过都是幻梦泡影，并不真切。真切的还是谁都要面对生老病死，你逃不过生老病死。不把生老病死之谜解开，那才真是人生的最大迷误。

从古到今，我们历史上或者反映历史、反映生活的文学作品中，有许多感天动地的人，有许多感天动地的事。你知道《窦娥冤》中的窦娥吗？你知道《赵氏孤儿》中的程婴吗？你知道文天祥的衣带诗吗？你知道史可法怎么回答多尔衮的吗？你知道谭嗣同怎么被捆绑着走向菜市口的吗？……

戒、定、慧三学，为一互相联系的阶梯结构。戒为定基，由定生慧。这里，我还不能不说到"忍"。生活，并不以个人的意志为转移。生活本身是很理性的。生活中会有许多悖论，生活中的无奈、无常，太多太多。你能靠生气、发火、嗔恨、愤怒过日子吗？不能，不行，你不能不懂得忍辱的智慧。佛家就叫"忍辱波罗蜜"。

忍辱度嗔恚。忍者，忍耐、忍受、隐忍、安忍；辱者，侮辱、羞辱、屈辱、凌辱、耻辱。对他人施予我的打骂、讽刺、挖苦、诽谤、中伤、陷害，以至身处一切侮辱、污蔑、冤屈等横逆境界中，而能忍受，不生嗔恨心、恼怒心、报复心、退悔心，这就叫忍辱心、慈悲心。

我们的古人也很重视忍，谋略家常说"小不忍则乱大谋"。道德家则劝化说："世事每从让处好，人伦常在忍中全。"古代还有一首诗："忍字心上一把刀，为人不忍祸自招。难忍能忍片时力，过后方知忍为高。"学佛是长久伟大、累生累世的事业，要经得起一切艰难曲折与苦难不幸的考验。已经下了许多功夫，点点滴滴积累起来的苦修之功，修学之德，若不忍辱，将会被一念之顷的嗔恨之火所毁灭。经中所说："一念嗔心起，百万障门开。"就是这个道理。俗言："嗔是心中火，能烧功德林。"这也说对了，那会把艰难积累的功德全都烧毁的呀！

学佛的人，身为佛弟子，要有宽大的胸怀，很高的涵养，人嗔我不嗔，人恼我不恼，怜悯恶人的侵犯、凌辱，那是他们愚昧可怜，身陷迷误，不懂道理，害人必自害，伤人必自损，应该悲悯他呀！忍，才是慈悲心的真体现。这就是生忍（也叫"众生忍"）。

忍辱，是忍受逆境。逆境有多种，当然也包括对身心造成伤害的一切寒、热、饥、渴、水、火、风、沙、冰、雪、刀兵、蛇蝎、蚊虻、衰老、病痛，等等，既不为以上种种逆境的苦所妨碍，也不为顺境的享受、快乐所动摇、转移。这都是在考验我们、检验我们的忍耐心、忍耐力。这就是法忍，是对一切法性的体认和接受。

《佛遗教经》中说："忍之为德，持戒苦行所不能及。能行忍者，乃可名为有力大人。若其不能欢喜忍受恶骂之毒，如饮甘露者，不名入道智慧人也。"佛陀的这段教导，有三个要点：

第一，忍辱、忍耐，是一种德行、德业。难忍能忍，很不容易做到。能够做到，就是一种功德，持戒苦行亦不能及。

第二，忍耐还不够，要做到欢喜忍受，对于对方所施加的恶骂之毒，不但不加嗔怒，而且还要做到如饮甘露那样，乐于接受。如果做不到这一点，那就不叫入道智慧人了。可见，欢喜忍受，才是慈悲喜舍具足的菩萨行，才是真正的入道智慧人。

第三，能行忍者，才可名为有力大人。可见，忍耐不是软弱，不是无能，不是退缩，不是逃避，不是苟安。忍耐，是无畏，是坚强，是勇猛，是精进，是自己增进自己的德业。有忍耐心、忍耐力的人，是具有强大生命力的人。修学佛法才能了知一切，本不自生，皆是缘起缘灭，不论此法他法，逆境顺境，动中静中，苦受乐受，都是空性。我空法空，悟得人生真谛，这才是忍辱功夫的真正成就。这就是无生法忍，是最高的忍辱的智慧成就。

唐代，游化于浙江奉化一带的布袋和尚，常行游戏三昧，有时遇上

一班无赖子弟,打他骂他欺侮他,他一点儿也不生气,还留下一支忍辱歌:

有人骂老拙,老拙只说好。有人打老拙,老拙自睡倒。
涕唾在面上,留它自干了。我也省气力,他也无烦恼。

他还有一首著名的忍辱偈:

是非憎爱世偏多,仔细思量奈我何。
宽却肚皮须忍辱,豁开心地任从他。

这种忍辱修养功夫,从世间法来说,真是到家了。布袋和尚后来成为弥勒菩萨的造像化身,每进寺院山门,就见到一副对联:

开口常笑,笑天下可笑之人,
大肚能容,容世间难容之事。

南宋爱国诗人陆游,是精通佛学的,他也有一首防忿止怒,提倡忍辱的诗:

忿欲俱生一念中,圣贤本亦与人同。
此心少忍便无事,吾道力行方有功。

一个无名火冒三丈,嗔恨心极重的人,哪能见道力行呢?《法句经》

中告诫我们说："忿怒不见法，忿起不知道。能除忿怒者，福喜常随身。"行忍辱度，永离于嗔恚，这是成佛的根本，也是做人的根本。

我对忍耐做了这样五点概括：

一、忍耐的过程，即是等待的过程。

二、忍耐的过程，即是超越自己的过程。

三、忍耐的过程，即是慈悲喜舍的过程。

四、忍耐的过程，即是定力的过程。

五、忍耐的过程，即是成佛的过程。

我们能做到忍辱波罗蜜，距离六和合、八正道，也就不远了。我想我大概也就能真正实现人生的轨道转移，并且走出自己，飞向新的人生境界了。

忏悔有事忏和理忏两种。事忏是基础，理忏是更高层次的忏悔。

念经，拜佛、忏求、忏拜，从仪轨到内心，真诚忏悔，"往昔所造诸恶业，皆由无始贪嗔痴，从身语意之所生，一切我今皆忏悔"，这就是事忏。

"罪从心起将心忏，心若灭时罪亦亡。心亡罪灭两俱空，是则名为真忏悔。"罪由心造。贪嗔痴都从心来。造罪的根本是心。把造罪的心转变过来，这就是理忏。理忏是根本的忏，是更高层次的、最终解决问题的忏。

什么是"烦恼即菩提"？

唐朝给事中房绾去问神会禅师：为何说"烦恼即菩提"？

神会禅师说："我用虚空来作比喻吧：虚空本无变化，不因为光明来了就光明，黑暗来了就黑暗。其实，黑暗的虚空，就是光明的虚空，光明的虚空就是黑暗的虚空。光明来了，黑暗消失了。光明消失了，黑暗就来了。虚空还是虚空，虚空本身并未变化。烦恼即菩提，道理也是如此。迷悟虽然有差别，但菩提心却不会有变化。烦恼来了，智慧不见了。智慧来了，烦恼不见了。菩提智慧正是在断除烦恼、出离烦恼中产生的。

《五灯会元》中记载了一则禅宗公案。

刺史陆亘，来问南泉禅师："有一个人，在一个瓶子里养了一只小鹅。后来，小鹅渐渐长大了。无法从瓶子里出来。请问，如果不把瓶子打碎，也不损伤这只鹅，你有什么办法能让这只鹅从瓶子里出来吗？"

南泉笑了笑，忽然大喊一声："刺史大人"！

陆亘立即答应一声。

南泉说："这不是出来了吗？"

陆亘当下大悟。他悟到了什么？他领会到了禅的妙趣。

在《祖堂集》中记载了一个故事；

僧璨召集全体僧众，向他们讲佛法。

有一位小沙弥才十四岁，名叫道信，上前礼拜僧璨禅师，并请问："什么是佛心？"

禅师回答："你现在是什么心？"

小沙弥答："我现在无心。"

禅师："既然你没有心，难道佛就有心吗？"

小沙弥又问："请求师父教给我解脱束缚的方法。"

师："谁束缚住你？"

小沙弥："没有谁束缚我。"

师："既然没有人束缚你，这便是解脱。何必又再求解脱？"

道信立下大悟。

谁束缚住你？只有你束缚了自己。谁能解脱你？当然也只有你自己。

放松身心，就是听其自然，随顺因缘，任其来去。

体验身心，就是体验放松，体验呼吸，体验静心，体验心的来来去去。

统一身心，是把散乱心集中到一点上来，即心一境性，专注一点，专注于数息，专注于佛号，专注于内观，专注于无念。

放下身心，就是心到达微妙的清澈澄明的状态了。数息已无息可数了，呼吸，已没有什么呼吸了。这种心境澄明，似乎身与心已融合为一体，不再分开了。不但身心合二为一，你与环境之间也已合二为一了，这就是定境。

甚至连定境也不存在了，也消失了。这就是无念、无心，也即是禅的最高目的了。

"佛说一切法，为度一切心。若无一切心，何用一切法？"这就是真正的放下。

第四章　离苦得乐的解脱之道

在利思害，在害思利，就是真正的危机意识。在利见害，在害见利，就走出了危机，压力就变成了动力，累就化成了轻松。

世间的一切，皆不是凭空自生，凭空创造的，也不是神的意志、神的主宰，而是由内因、外缘、主观条件和客观条件，相互配合、彼此联系而生而有，大到宇宙星空，小到个人心里的一个念头，莫不由因而生，由缘而起。得有得的因，失有失的缘。

得有何喜？失有何忧？佛陀告诉我们：播种的是善因，成长的是善行，结出的是乐果。

如果播种的是恶因，成长的是恶行，结出的必然是苦果。如果当初因误解而结合，那么，日后必因理解而分离。如果当初因误解而分离，那么，日后也会因理解而破镜重圆。

大海茫茫，天穹苍苍。一座岛屿，山岩峭立，古树参天。乌云低垂，狂浪咆哮。一个人，划一叶扁舟，想靠近岛屿，或钻进岛上的洞穴。但风浪与他作对，他搏命地向岛屿接近，可一浪掀来，又把他抛得更远了。这个人，如果是你，你将做何选择？

有些人只知道快乐，却不知道快乐的来源。你能找到快乐的来源，你将永远快乐。

"假如生活欺骗了你，不要忧伤……"为什么？因为这是生活。受伤、受怨、受冤、受挫折，也许这正是命运有意给你安排的一次考验。何须挂怀？跨过它、翻过它。翻过一重山，又是一重天。

知足之人，虽处地上，也很安乐。不知足的人，虽处天堂，亦难称心。知足不知足，皆在自心。

狄更斯的名句：这是最好的时代，这是最坏的时代。

这"最坏"，这"最好"，是谁在判断？是你的心。说这"最坏"，说这"最好"，是谁的感觉？是你的心。

好与坏，似乎很难截然分开。坏中有好，好中有坏。好过了，必坏；坏过了，必好。末路来临，即是开端。

有人怕受打击，却没有人从来没有受过打击。有人希望受宠爱，可有几个人能受到宠爱？

受宠若惊，大概受宠必有惊，受宠也不好过。傲菊凌霜，梅花喜雪，大概打击越大，人的精神质量就越高洁、美丽。

风雨如晦不可怕，道路泥泞不可怕。前有高山、后有猛虎亦不怕。

可怕的是信心失落，人生意义的失落，人的道德底线的失落。人不能像人那样活着，才最可怕。

不要怕祸，祸能改变人，人能因祸得福。也不要沉迷于福，福能腐蚀人，不培福惜福，福用完了，福也会失去。

人人怕危机。我说危机实在好，没有危机才不得了。有危机，才能帮助你思考，帮助你奋发，帮助你找到出路。没有危机，能带来这么好的机遇吗？这大概也正是"无敌国外患者国恒亡"的道理。

　　俗言：患难见真情。可见，先有患难，后见真情。没有患难这个因，怎能见真情之果？没有患难这份缘，怎能体现真情的珍贵？这就是患难的价值。

　　凡是有人的地方，就会有人的问题。有人的问题，就会有人的烦恼。烦恼怎么去除？很简单：刮风了，你就想大概快有雨了。下雨了，你就想明天会天晴。天晴了，你就想明天也许会阴。

　　阴晴圆缺寻常事，潮起潮落太平常。看破、看明，烦恼就不会来了。

　　天下一色，反而失色。生活中没有苦，便是五味不全，人的惰性就会加大。佛家第一谛就是苦谛。只有承认苦、理解苦、面对苦、欢迎苦、接受苦，才能走出苦、化苦为乐。这时，人便高大起来，惰性消失，成了自我解放者。

　　据说悉达多太子为了揭开生死之谜，决心辞别王宫，到雪山修行。父王不允，于是他提出了四个心愿：一不生病、二不衰老、三不死亡、四是任何东西不损不灭。只要能满足这四个心愿，他就不走。可是，他的父王怎么能满足他这四个心愿呢？

　　于是他便趁着深夜骑马出城而去，去寻找人生生死之谜的答案了。

　　现在，家庭危机不少，别说兄弟不和、父子相争，就是夫妻也有矛盾，演出种种家庭悲剧。

　　社会更是一个大家庭，人与人都是兄弟，如果彼此多一份关怀，多一份善意，多一点关爱，我们的世界怎会有硝烟、爆炸、仇杀、恐怖、报复等人间不幸呢？

　　人在失意时，就仿佛被全世界否定了一般，内心被强烈的失落感、危机感、绝望感包围。无奈、无助、无聊、沮丧，甚至不知道生命的价值、生存的意义了。

有的人，由于内心的恐慌，在烦恼无法排解时，就会寻找发泄的管道：酗酒、行凶、殴打亲人、找弱势者出气，于是，残害自己又残害他人，制造不幸。

什么是病？阻滞就是病，障碍就是病。**行不通，想不通，就是病。**有病就要治。有的人要做行为治疗，有的人要做情绪治疗，有的人要做人格治疗，有的人要做信仰治疗。归根究底，都是心灵的治疗。

有人说：活得很累。

有人问：怎样面对压力？

有人唱：你爱了不该爱的人，心中满是伤痕。你犯了不该犯的错，心中满是悔恨。你说你万分沮丧，你开始怀疑人生。

这就是生命的危机。**危机就是：在利不知害，在害不知利。**

在利思害，在害思利，就是真正的危机意识。在利见害，在害见利，就走出了危机，压力就变成了动力，累就化成了轻松。

我常听到的一句话是：活着真累。我做讲座时，常遇到的一个提问是：怎样面对压力？这不是身累是心累。心累必定身也累。身心俱累，来自压力。身心皆累，身心俱疲，便无力抵抗压力。

压力不可怕，可怕的是压力成了生活的阻力，成了生命的杀伤力。因为，这个"累"字，这个"压力"的提问，就成了某些现代人忧虑、恐惧、不安、烦躁、失落、空虚、迷茫、无助而陷入紧张、冲突、矛盾与危机之中的一个形象概括。

累有累的因，累有累的缘。找到那因，厘清那缘。把累放下，自然不再累了。压力不再是阻力，压力就会变为前进的动力。

●关于苦与乐、危机与祸福的睿语

现代社会，许多人都感受到各种不同的压力。由于压力，又产生了各种心理负担和心理疾患。其实，人的忧愁、恐惧、恐慌、怖畏、绝望，都是没有理由的，只是自心的一个投影罢了。坦然面对，积极离苦，这就是佛陀教给我们的智慧。

说到底，即使一切自由都没有了，但还有一个自由，即内心思考的自由。你可以思考未来，计划明天，思考人生的意义，思考面对的一切，能够接受它，消化它，转化它，把它变为生命的动力，好，你就不是一个凡人，而是一个离苦得乐的超人了。

有些人不快乐，不是生活中没有快乐，也不是生活让他不快乐；而是他自己不让自己快乐。

任何时候，有诱惑，就有陷阱；有惊喜，就有危险；有优势，就一定有弱项、弱点。你的弱点被人看中了，被人抓住了，你就会倒霉，不需要等到金融海啸的那一天。

一个人，不要怕"外患"，没有"外患"，就必有"内忧"。一个只知"外患"而不知"内忧"的人，才是一个盲目的，随时会走入迷途的人。

自有人类以来的一部历史，差不多就是一部苦难史。人的存在，实际上就是苦难的存在。失败者，倒霉者，不幸者，固然苦；胜利者，幸运者，享乐者，就不苦吗？佛家讲外苦，内苦。外苦，或许可以逃避，可以让开，可以预防，而内苦，是任何人也逃避不了的。不管你是穷人，是富人；是平民，是大亨；是奴隶，是奴隶主；恐怕都有过内苦的体验。

进入了数码时代，我们的生活都数字化了。你既看人，你也被人看。有些人，不想看，却不得不看，被迫看。有些人不想被人看，却又不得不给人看，是主动地找了给人看。到处是眼睛，到处是耳朵，到处是嘴巴。不看人办不到，不给人看，不给人听，不给人说，也办不到。

这奇怪吗？不奇怪。祸福相生，苦乐相连，利之所在，弊之所在。你的优势，也是你的弱点。你的优越性，也是你的局限性。佛家就叫法尔如是，本来如是。

网上有很多人炫富，从社会公审到人心公审，这个过程，就是必然的了。

一个生活在烦躁、不安、焦虑和疲惫中的人，他还有什么幸福可言？即使他本来就在幸福之中。

印度总理尼赫鲁（贾瓦拉哈尔）问克里希那穆提："人的通性是什么？"克答："避免痛苦和追求快乐。"对，人人都不希望痛苦，都逃避痛苦；人人都追求快乐，都渴望快乐。可是，你不关心别人的痛苦，还专门给别人制造痛苦，甚至把自己的快乐建立在别人的痛苦之上，那么，你能得到真正的快乐吗？到那时，恐怕你的痛苦也就不可避免了。

正因为我们应该奋发，能够奋发；应该向上，能够向上；应当精进，有为，能够精进，有为；这个世界才变得繁荣、可爱、美好、光明。但是，我们不能狂妄，不能傲慢，不能肆无忌惮，为所欲为，不能，不能。如果不知这个"不能"，又放纵这个"不能"，那么，世界就要走向罪恶、危机和不幸的苦难深渊了。想一想，"我"应该怎样摆正"我"的位置呢？

一个人，如果不能走出自己的局限，他永远不可能有快乐。

一个新事物的产生，往往不易被人们接纳，更遑论得到实时的回报。但对于一个有创造力的人来说，这不重要，重要的是坚持信念，坚持不懈奋斗下去，直到成功。这个过程，必然是要经过寂寞，经过孤独，经过无助，甚至经过冷眼与嘲笑，失败与挫折。福至心灵，可能正是严冬过后，春花灿烂的必然结果。

痛苦可以使人觉醒。经过极大的痛苦，仍然不能觉醒、不能有所悟的人，可能是一个愚痴者，或者至少是一个智力不健全的人。

人有掩饰痛苦与自我缓解痛苦的本能：人死不说死了，说归天了。肥胖难看，不说胖，说发福了。一个人庸碌无能，不说无能，说老成持重。五十岁了，不说老了，说人生刚刚开始。自欺，自骗，阿Q可是这方面的专家。但这只是逃避痛苦、掩饰痛苦，而非积极地认识痛苦与解脱痛苦。

正确认识痛苦，又能解脱痛苦，唯有佛学。

我们只知道向大自然索取，要征服大自然，要剥光大自然，我们有没有想到人类与大自然的相互依存与互动关系呢？这种相互依存，也正是相互之间的生命制衡。看起来，得到的可能很少，但失去的，我们所付出的代价，可能会更多。

科技进步，追求科技进步是对的。但是，科技可以杀伤人，打败人，征服人，它却不能消灭仇恨，不能消灭人的贪嗔痴，不能消灭人类的丑陋。有人说：喜欢用拳头的人，往往因为他的大脑不行。当科技变成了拳头，人的大脑可不能被科技所控制啊。

不顺，困境，甚至失败，都是一个成功者走向成功的过程中，不可缺少的极具正常的一个组成部分。你不应该叹息，不应该拒绝它，更不应该因此而趑趄不前。有自信，不怕失败，勇往直前，有承担风险与抵抗风险的能力，这是一个人到达成功的唯一秘诀。

马克思最早站出来告诫资本家不惜甘冒上断头台的疯狂与贪婪，可是，我们有些自称马克思主义的人，为什么也在重复这种贪婪呢？这就是口中所言与心中所想并不等同、也不相符的证明。

佛家说：人生本苦。有些人不承认，有些人不以为然，有些人听了干脆掉头而去。好吧，请看下面这个真实的故事：

1993 年南非摄影记者凯文·卡特，来到战乱的苏丹，拍摄饥民的情况，为了使自己从面对濒死人群的麻痹状态中暂时解脱一会儿，他走进灌木丛。忽然看到一个小女孩，身无寸缕，正艰难地向食品发放中心爬去。他正准备拍照，一只秃鹰落在小女孩背后，卡特等了二十分钟，那只秃鹰还不肯离开。卡特拍完照，赶走了那只女孩身后的秃鹰，目视小女孩爬远了。他坐下来点起烟，一边叫着上帝的名字，一边放声大哭。这一幅震撼人心的摄影作品《饥饿的苏丹》荣获一九九四年普利策摄影奖。两个月后，卡特自杀了，他用一截软管把汽车废气接到车内。人们在汽车座位上找到他留下的一张纸条，上面写着：真的，真的对不起大家，生活的痛苦远远超出了欢乐的程度。

卡特是一个感知人生本苦的人。

佛教并不是只讲苦，不承认乐。佛教是尊重有苦有乐的。但是，对于苦，要有苦的认知。对于乐，也要有乐的认知。

对于人生的快乐、享受，必须有三件事要弄明白：

一、欲乐的对象与欲乐的享受，是从何而来？

二、欲乐的后果，潜伏的危险，以及将带来的不测，是否了知？

三、人要出离苦，当然，也应该出离欲乐，即从欲乐获得解脱。

这三点都弄清楚了，你才是一个清醒的人、明白的人，不是一个糊涂人。

第一点，你从一个对象，获得欢乐与满足，这是乐的享受，这是经验事实，是从经验中感受到的（也是感官中的）。但是，任何享受，不能长久，只是短暂。短暂的享受过去了，就是失落。于是，进入第二点，即情况变化，得不到满足，心理抑郁，心智失去平衡，做出傻事来，这就是危险，可怕的后果将随之而来。这也是经验中的事实。如果，能够了知无常，不贪，不嗔，不痴，不执着，抱着看破、悟空，了知空相，那就是出离，就是自在、解脱，那就是智慧，进入另一个生命层次了。这就不是什么苦与乐的问题，而是认识生命，了知生命的真谛了。

第三点，是了知无常即是苦。佛教徒并不因苦而悲哀、忧伤，恰恰是最开心的人，因为既无恐惧，亦无执着，永远是清净安详，喜悦自在，这就是无染、解脱。摆脱不了苦恼、忧郁烦躁的人，那不是佛教徒，是不懂真理的人。

怎样找到快乐？国外有人教你四招：

一、刻意追求，只会让快乐跑掉（佛家叫人放下贪欲，贪求）。

二、夸大恐惧，只会增加烦恼（佛家叫人放下忧悲苦恼啊）。

三、相信当下，你在此刻最棒（佛家叫人活在当下，放下过去和未来）。

四、发现自己，释放你内在的光芒（佛家叫人找回自己，自心即佛）。

前三条，就是放下。放下所求，所求不得的"所求"。放下恐惧，放下烦恼。放下过去和未来。第四条，调整自心，找回自心，自心本有光明。"释放你内在光芒"，谁释放？你自己释放。在哪里释放？在你自心，在你内心。你的内在光芒在哪里？在你自心，在你内心。是西方人叫你的，但是，中国传统文化中早就有了，我们为什么失去了自己的祖传而不自知呢？

佛家讲"求不得苦"。什么叫求不得？越是得不到的，就越渴望，越贪求。这当然是人生中常有的一大误区。花既不开，就想得到果子；或者，花早已谢了，你还在等着吃那果子。这不是痴，是什么？这不是苦，是什么？

佛家讲八苦。生老病死，不必多说，无人能够回避。求不得，爱别离，怨憎会，五阴炽盛，这四种苦都是从人的欲望角度来立说的。哪一样不是由心而起？由自心而起，还不是自找的吗？自找的苦，比由不得你的苦，会更深，更苦。所以，人生吃的大多数的苦，恐怕还是自找的苦。

佛家把贪嗔痴称为三毒。痴是三毒之根。不痴，就不会有贪，有嗔。痴，正是一切不幸的总根源。

什么叫痴？面对迷惑，诱惑，面对陷阱，深渊，浑然不知，欣然就范，轰然堕落，就是痴。

佛家讲的六道中，有一个饿鬼道。请看，公然抢钱，行劫，伤害弱势群体，恶狠狠到不知廉耻的地步，不正是饿鬼道来的吗？香港作家陶杰把这些称为饿鬼道现世，非常传神。

佛陀为我们指出了苦的真相，般若为我们指出了解脱（离苦）之道，但最终还要靠你自己去行，去实践，去做到，也就是要靠你自己走出那"苦"呀，任何人都帮不上你。你的问题最终要靠你自己解决。这就是佛陀的教化。

在上座部佛教中，贪被视为恶中之恶。因为贪是造成人自身痛苦的根本原因。越是追求贪欲，人将经历更多痛苦。贪财贪色，人们总是因贪而成为激情的奴隶，欲望的奴隶。

人类需要改变。人，尤其须要改变自己。时代变了，因缘变了，你不改变自己能行吗？

奔月卫星，要不断变轨，转轨，才能到达绕月航线。人，不也是一样吗？在到达你的目的地的行程中，你也要变轨，转轨呀。

转轨，就是转型，就是转向，就是转换。转变了，你就换了一个人了。

社会上各种引力太多，变轨不能变错。自心证知，破迷得悟，去假存真，这就是佛法给我们的智慧。换句大白话，叫"唤醒梦中人"。

人才，是需要的。你挑选人吗？
没有完美的人选，只有最适当的人选。

有人说，最短的距离是拥抱，最长的距离是等待。我想对他说：不，你那只是一句俏皮话。往下一步看一看，拥抱是不得不拉开距离的起点。等待正是为了缩短距离的准备。有了起点，距离就开始了。

准备充分了，距离就缩短了。你说是不是？

是相见不如不见？还是相见不如怀念？这两者都是妄执。

想着相见，说明已经很难见了。想着不见，说明缘已尽了。

想想怀念，那已是一个不存在了。妄，就是变化，已经变了。执，就是糊涂。你还不该把妄执放下吗？

一切事物，都是众缘所成，例如美食美味，美色，美女，美衣，美容，美妙的音乐，美丽的环境，一切美的感受，都是众缘所成，既是众缘所成，就必然本性空寂。由缘起现象，看到本质的空性，这，就是悟！

怀疑不是坏事。你有怀疑，我有怀疑，人人都有怀疑。这说明怀疑是我们的"朋友"。怀疑的最大价值，最宝贵处是不轻信，不盲从，不迷信。有了这位朋友，才能把我们带往印证。佛教并不反对"怀疑"，佛教反对的是固执于疑，疑而不化，疑而不变。佛教提倡的是允许怀疑，尊重怀疑，希望通过怀疑，解开怀疑，走向自我印证。经过自我的印证，怀疑就告别了。只有印证，才能告别怀疑。

感谢怀疑，因为怀疑引领我到达了印证。证明和确信，才是我们应该到达的目的地。

"我"说到我这个人，"我"这个人，具体是由各种元素、各种条件，众缘和合而成的。人会成长，从婴儿到儿童、少年、青年、壮年、中年，再到老年，这个过程就是各种元素和条件不断变化的结果，所以"我"也变了，由婴儿……到最后，这些元素、条件会离散的，也就是说，"我"会死的，这也就是生灭变化。

从"实相"来说，既是"实"，当然不会变（那叫真如实相），可是到了"我"这个具体事实，却不"实"了，这个"不实"，就叫"空"，这是什么空？叫"自性空"。既然"我"是一刻不停在变，那么，以哪一刻的"我"作为"我"的自性呢？这就叫无自性。

"网络掏空了人的灵魂，冰山消融，大批动物神秘死亡，末世心理弥漫。人人都有预感，这个地球，快完了。"这是香港才子陶杰先生在他的文章中的提示。地球未必快完，但他擂起的鼓声，却不能不引起我们的深思啊。

有一本书叫《千金难买早知道》。其中告诉你：早知道他会变心。早知道他会爱我，却不会接受我。早知道我应该经济独立，分开银行账户。早知道我应该保有自己独立的交际圈、生活圈。这些早知道，是教你做人吗？我看只会教你变得越来越不像人了。人的疏离，还不可怕吗？

人从最初的靠理想活着，到后来，又从活得有些不耐烦了，再到活得有点儿自知之明了，这中间，他要经历多少痛苦与磨炼啊。

人生无常，生命无常，一切皆无常。看到这个无常，了知这个无常，就要精进，找到人生的最大价值，不要为这个价值那个价值所左右。人生最大的价值是生命的觉醒，生命的境界。

人的价值的颠倒，正是由于人生的颠倒。

生存是发展中的生存。人必须学会发展，才能生存。发展就是求变，就是因应发展了的实际，而不断改变自身。

美国有个著名歌星麦当娜（Madonna），五十八岁了，她还是流行歌曲榜上的冠军。她总结她成功的原因：

一、不断自我更新；

二、懂得塑造新形象；

三、懂得因应需要改变艺术风格，以满足歌迷的幻念。

阿弥陀佛，这三条，哪一条不是自我改变，哪一条不是改变自己？无常，就是局限性。认知无常，能改变自己，就是学会发展。

可是，我们有许多人，就是不肯改变自己，突破自己，放下自己。

人能走出自己，人就解脱了。所以，学佛就成了人的需要，因为佛学就是解脱学。佛学能帮助人走出自己。

人为什么走不出自己？就因为人不属于自己，人是被一只看不见的手控制住的。这只看不见的手就是"我执"。我执，真的很可怕。只有放下我执，才能得大自在。

人，只有在认识自己，认知自己的过程中，才能改变自己，超越自己。

无常就是正常。正常，必然无常。看不到无常，或者不承认无常，不理解无常，那就是不正常了。

全能父母，打造出一大群无能子女。（尽管我不喜欢"打造"这个词儿，但在这里，我不得不用这个词）这不是笑话，也不是危言耸听，而是事实，甚至，也是历史的必然。不过，话不能说绝。说绝了，不是佛法。全能父母，造就出了全能子女，也是有的。却很少。正因为少，才更可贵。

不要在这个世界争争吵吵，最后，我们都要到那个世界去。在去之前，把那个世界弄弄清楚有什么不好？我们出家人，就是应该把那个世界首先弄清楚的人。

我们都生活在一个相对世界里。正因为这个世界是相对的，所以这个世界没有完美，只有遗憾。不过，不要丧气，你看到完美与缺陷同时存在，这就是希望，就应该心平气和，没有遗憾。

正因为我们都生活在一个相对世界，"你玩股，股玩你"，也就很正常了。何惊之有？现在"玩"的人太多了。玩股，玩楼，玩网，玩自拍，玩古董，玩收藏，大概"玩"佛的也有。问题是你会不会"玩"？不懂"玩"，又不会"玩"，就要"玩到尽"了。玩者，品也。不上品，还能玩到哪里去？

有些人把两个人的疯狂、两个人的各有所图、两个人的互相满足，叫做"爱情"，这实在是一种误解。有一天，不能满足了，实现不要所图了，就要走向另一种疯狂了，不是寻死觅活，就是吵架收场，这能叫"爱情"吗？

为什么要有包装设计？就是为了让你一见钟情。一见钟情，就是一见着迷。Feel（感觉），是各不相同的。感觉不等于实用，更不等于真正适合你。感觉过去了，一切都入空无。

任何风云际会，既有偶然，也有必然。愁什么？随缘就好。缘起，因缘法，是最科学的宇宙观。四圣谛：苦、集、灭、道，这才是最如实的人生观。

佛法在世间。佛法本为救度世人而立。"若无世人，一切万法本自不有"。离开了世间，也就谈不上需要什么"万法"了。

天台讲止观。什么是止？把念头控制住，把念头停住。这就是止。什么是观？就是看到无常，看到无我，看到空，看到本来面目。换一个角度说，就是看到念头的虚妄。那么，止观的根本原理不就是无念，不就是一念不生吗？

什么叫"病"？有些人不知道自己有病，或者也不承认自己生了病，只要是不对劲了，不能正常的生活了，不能像正常人那样发挥自己的社会功能了，就叫"病"。那么，不快乐，不开心，不安宁，不轻松，不如意，是不是可以说，就是有病了呢？甚至心里烦躁，失眠，茶饭不思，婚姻不快乐，工作无兴趣，心情有困扰，现在也都被看作有病了，时代病，都市病，还有什么富贵病，精神综合征，一句话，日子好过，精神空虚，生活富裕，没有快乐，这也成了许多当代人的共同病征了。

现在看来，不是要叫你没有病，而是能使你回到一种自然的，安然的，泰然的状态就行了，那只有禅。

佛教就是：回归自性，回归真如。

一念·生存

人生的本质是苦。可是，人却容易为乐所迷、为利所惑，不承认苦，或者想尽办法逃避苦、掩饰苦。只有当人有了苦的觉醒，人才会去寻找离苦得乐的解脱之道。

第五章 如何面对压力、缓解压力？

人只有具备轻松、自如应付压力的能力，才能有快乐、有和谐、有福气。这才是生命的质量，健康的质量。

我应邀到各地讲课，提问最多的是：累，活得真累。压力太大，压力太重，怎样面对压力、缓解压力呢？

暴利的时代已经过去了。我们当然要讲功利。但最大的利，是整体的利，全局的利，长远的利，全社会公众的利。人心变黑，社会变质，大利就成了大害。

我们现在流行一个词，叫"情绪病"。身体本来没有病，但人的情绪出了问题，心情不好，病就来了，情绪不稳，情绪低落，烦躁，胃口不好，失眠，这里痛那里痛，人也很忧郁。这种情绪病，实际上是心理、心态问题引起的。改善情绪，就解决了。所以管理学上就出现了"情绪管理"。

情绪管理，归根到底是思维模式的管理，是心灵状态的管理。这个管理，只有自我管理才能实现。

佛向心中求。低头练内功。内功就是凝聚力。内功就是情绪健康，心灵健康，思维模式的健康。清洗情绪，清洗思维模式，就是内功，就是伦理关系。出现了情绪污染，怎能不清洗呢？

这里不能不说到人在生活中，总会遇到许多压力的。

人不能排除压力，对健康会造成极大的伤害。对压力产生生理反应，是肾上腺受到交感神经的刺激，产生压力激素——肾上腺素，同时引发肾上腺释放糖皮质素（glucocorticoid）。肾上腺糖皮质素本来具有调节糖、脂肪以及蛋白质合成与代谢的作用。如果大量释放，释放太多，就导致高血压、糖尿病、睾固酮减少，因而造成免疫力下降。

要解决问题，就必须先了解问题出在哪里。

人抵抗不了压力，因压力而造成上述病症的影响，据美国斯坦福大学神经学教授罗伯史·波斯基（Robert Sapolsky）的研究，压力致病取决于两点：

一、人的性格。

能淡定从容，遇事不慌的人，能面对问题，懂得寻找方法处理它，解决它的人，一般感受压力的程度相对就小。

二、社会支持系统，也就是人际关系。

人际关系好，人缘好，善于和别人交往的人，肾上腺糖皮质素的浓度比较低。这就证明：人需要有真心、知心的好朋友，需要有温暖的家，良好的人际关系。有人关心、关怀，压力自然得到舒缓。

那么，如何面对压力，理解以下 13 条即可：

一、压力是好事，它使人警醒，不会犯错。

二、压力是动力，它促使我们精进，不懒散、不放逸。

三、压力是人生的需要，生存的必然。没有压力，人类不会有今天。

四、压力也有负面影响，走向焦虑、恐惧，那就错了，就是负能量，那就成了杀伤力，万万不可走向焦虑。

五、所谓焦虑，就是心事重重，精神紧张，杞人忧天，生理也起了变化，掉头发、皮肤痒、出红斑、关节痛、失眠、经常性伤风感冒……这就是生理的免疫力下降了。这种焦虑症是很可怕的，能转化为忧郁症，那就要靠吃药过日子了。这是必须防止的，不可走到这个"负面"去。

六、放松身心，平衡内心。对于处理问题，第一，充满信心。相信自己有能力解决，心头注满阳光，自信自在。第二，对待问题，要看到全局，看到往往看不到的地方，也就是千万不可头痛医头，脚痛医脚。陆游告诉他儿子：汝果欲学诗，功夫在诗外。问题不在外，可能还在自心。自心一变，局面大开。

七、世上没有必赚的投资，要有输和蚀的准备，一切看得很自然。能把日子过下去，就是了不起。明天太阳还会升上来。共度难关，冬天过去是春天。

八、不但不怕压力，而且越有压力越起劲，动力更强，效率更高，这才是好汉。但是要看看压力从哪里来的，是时间不够？是工作量过大？是工作难度太高？是怕出洋相，怕丢人？是领导发脾气了？千万要知道，压力不是管理层给你的，是工作的本身、本质、本性来的，这就叫"本来如此"（中国人叫"天命"）。这个认知很重要。要从压力的来源去解决。可以调整自己的思路，可以寻求他人的协助，可以先做力所能及的事，可以总结自己，提高自己，相信自己能跨过障碍，走出低谷。总之，淡定从容，潇洒自在，沉着面对，微笑着迎接难题。

九、要解决一个认知的问题。资本雄厚，资金充足，只是一个有利条件，但不是一项必胜条件。最终决定胜负成败的是客户的满意度和实际的成交额（这就是那双无形的手）。满意度从哪里来？成交额（即对方掏钞票的行为）从哪来？还是从你的感染力、服务与经营的魅力来。最根本的还是你的管理能力、经营能力，即服务能力。

不要给自己狂加压力。无法交代就是压力。不上市，不进行扩张，不做老大，有什么不好？

十、一个人最宝贵的能力是什么？是应付压力的能力，是把压力转化为智慧，转化为生命力的能力。

紧张、不快、反感、受压、受气、沮丧、恐惧，一切负面情绪与精神压力，对人的伤害太大。人只有具备轻松、自如应付压力的能力，才能有快乐、有和谐、有福气。这才是生命的质量，健康的质量。

十一、一个人太顺利了，就很难有抗压的能力，应变的能力，处理危机的能力。所以，不顺利、多逆境，正是一个人能力的磨炼与积累。这是一个人的财富。"生于忧患"才能死于安乐。过多的生于安乐，就难免要"死于忧患"了。

十二、我们不是活得很累，而是活得很肤浅、很片面、很不成熟。困难、逆境，才能帮助我们走向深刻，走向丰富和成熟。

十三、我们佛教有一篇经典性的经论，叫《宝王三昧论》，其中提出了十条，这才是人生的宝贵价值：

1. 念身不求无病

2. 处世不求无难

3. 究心不求无障

4. 立行不求无魔

5. 谋事不求易成

6. 交友不求利己

7. 环境不求舒适

8. 施恩不求报

9. 见利不求分

10. 受冤不求申

做到这十条，还会有压力吗？做到这十条，就是菩萨了。

最后，我还想介绍一个信息：

2001 年五 5 月，在纽约举行了联合国主持的世界儿童大会，通过了四条宣言：

一、我们相信成人。

二、我们相信黄金律。

三、我们相信看不见的力量。

四、我们要维护环境。

看了这四条宣言，我感到惊心动魄。黄金律，就是人类的伦理道德的底线。看不见的力量，就是心灵的力量、精神的力量。一个企业的老总、决策者，应该做一位企业伦理的建设者、倡导者，做全公司、全集团员工心灵的引路人。

第六章　全球磁变　人心也在磁变

地磁变化引起自然界众多灾变，但更大的危害，是人心浮躁、情绪不安、容易冲动、发火、暴戾、易患忧郁症，我们需要淡定从容、静心、安心，约束自己内心的躁动。

玛雅人使用的历书到 2012 年 12 月 31 日就终止了。由此传开来的玛雅预言，成了世界末日的谣传依据，在那部《2012》好莱坞商业电影的推波助澜下，"末日情结"在许多人的心头成了一块移不开、推不走的沉重石担。我到各地讲课，也有许多纸条递来，提出相近的疑问。毫无疑问，地球上的灾难，哪一年没有？哪一个地区没有？尤其是各大洲或各地区，气候变异，天气失常，天灾人祸，屡屡不断。我们如何面对呢？我读了林中斌先生所著《大灾变——你必须面对的全球失序真相》一书，感到言之成理，很受启发，有必要报告给大家：毋须惊恐，地球末日只能是蛊惑之言、无稽之谈。

我们对外部宇宙的认知，是极其有限的。已知科学回答不了层出不穷的大自然谜题。目前的气候理论，无法解释近十年来全球所出现的新气候现象和气候的极端化。目前的传染病理论，也无法解释近十年来全球所出现的 SARS（非典型性肺炎）、禽流感、猪流感等新传染病。这些变异，种类更多，传播范围更广。有说传染病变多的原因与全球暖化有关，也有说来自太空的宇宙射线增强，加速了病毒与细菌的突变，而宇宙射线的增强，又与太阳活动及地磁（地球磁场）变化有关。这是不争的事实，全球生物失衡，如各大洲都有蜜蜂神奇消失，美国野蜂几乎绝迹，有说受农药影响，有说气候暖化，有说地磁弱化，有说各种因素凑在一起。全球水母迅速繁殖，海洋中鱼类减少，陆上蛇类数量下降，动物迷途，等等。日本本洲九级大地震，也与此有关。

全球大自然灾变，不分国家大小、贫富，一视同仁，当台风、水灾、地震、海啸、冰川融化袭来时，"国家主权""人的生存权"这些口号已显得毫无意义了。世界最权威的科学研究报告说：一、地球的磁北极，从加拿大，几乎是一条直线，移向西伯利亚，速度已达每年60公里以上。二、地球磁场从2000年以来持续减弱，最近150年来，地磁强度下降10%～15%。三、近150年来，南大西洋出现地磁异常区，范围不断扩大，因此产生南北磁极局部翻转。这三个现象统称为全球磁变。地球磁变，导致了全球许多不正常现象。

我们当然要弄清楚，地球磁场是怎么来的？全球磁变又是怎么来的？

先说地球磁场来源 地球结构由外而内分四个部分：地壳，岩石组成，厚度3-70公里不等。地幔，岩浆或熔化了的岩石组成，厚度2855公里（石头不导电，所以地幔是熔化了的石头，也不导电）。外核，由熔化而流动的铁镍合金组成（铁占约80%），外核厚约2270公里，温度为4400～6100摄氏度。内核，则是巨大的固态金属球。体积比月球略小，约为月球的70%，但温度极高，几乎与太阳的表面温度一样，高达7000摄氏度。内核成分也是铁镍合金，同样也是以铁为主，直径为2440公里。

外核是液态，内核是实心。如果把内核比为陆地，外核就是内核的海洋。内核能自转，速度比地球略快，每年多转 0.3～0.5 度。外核不转，但那液态就乱流乱动，像煮开了的水，像河里的漩涡，像摇动制作的鸡尾酒。可想而知，外核的扰动，又被实心不动的内核稳定下来，这就形成了地球中心的内外核有如一台发电机，外核是"转子"，内核是"定子"，它们互相吸引又互相排斥，于是形成电流，产生磁力，地磁就是这么来的。

全球磁变怎么来的？这又不简单了。一般说，应来自地心液态外核与固态内核在地球自转下相互的作用。但科学家模拟实验中却发现，地球磁场变化的间接来源是在地球之外。也就是说，只有地球自转，只有液态外核和固态内核的条件，还不足以造成地球磁场，还需要有一个在地球外部的磁力来源引发以上作用。因此，全球磁变，有可能与太阳系及其在宇宙的运行有关。

现在说地球上的生物，比如信鸽，是凭地磁辨识方向的。好了，科学研究发现，鲸鱼、鲨鱼、海豚、海龟、海豹，甚至鳄鱼、龙虾、蝴蝶、蜜蜂、蟑螂、青蛙、小昆虫，还有大至狐狸、黑熊，小至细菌，它们都有地磁感应。那么，人类呢？人类能够例外吗？

其实，地磁影响人类身心，这项研究 20 世纪 70 年代就开始了。1980 年印度科学家斯利韦斯塔·撒克森那（B. J. Srivastava, S. Saxena）比较 1972 年与 1978 年因心肌梗塞送进医院的人数，1978 年比 1972 年多了 50%，而 1978 年正是太阳黑子数目上升的时间。1987 年，以色列四位医生已发现地磁风暴与人们严重的偏头痛有关。他们研究了 30 个有偏头痛病史的人，地磁风暴来临，偏头痛发病率比平时增加几乎一倍。

1991 年，美国爱荷华大学心理学教授蓝道尔夫妇（Walter Randall、Steffani Randall）发现，地磁爆发生时，人比较容易产生幻觉。

1994 年，英国精神病学家凯伊（Ronala w. Kay）研究了精神病院十年来 3449 个病例，发现在太阳引发地球磁爆之后两周，因狂躁、抑郁症而进医院的病人增加了 36.2%。

还有许多科学家研究发现，十多年来，犯罪纪录上升，自杀率升高，流行性感冒与传染病的流行，都与地磁爆发或太阳黑子出现高峰有关。

2008 年阿塞拜疆、俄罗斯、以色列、希腊、保加利亚五国科学家跨领域合作研究发现，太阳磁爆引发地磁波动，会影响人的心律，扩大负面情绪，导致心脏病或死亡，甚至汽车车祸的概率也增加了。那么，个体暴力与群体暴力，个体浮躁与群体浮躁，亲子相残，持械滥杀等社会乱象是不是也与地磁波动有关呢？研究报告的回答是一致的：这是肯定的。这就说明，地磁变化跟人的身心健康有关，有影响，这影响还不容小觑。

于是，我们可以做如下总结：

全球灾变的多样化、频繁化、复杂化，是必然的趋势。它虽不会戛然而止，但总会下降、减缓，人类应该务实准备，乐观面对，而不是恐慌、忧惧，尤其要破除"末日情结"，对那些不确的"预言"应该持有科学态度，不迷信，不传谣，不要自己吓自己。

人类的生存，从来没有离开过苦难。佛家的理论就直指人生本苦，苦是常态，是必然。但苦难使人更精进、更坚强、更向上、更懂得珍惜。要学会做人，并时刻反省自己。反省自己，才能进步，才能提升自己。

地磁变化引起自然界众多灾变，但更大的危害，是人心浮躁、情绪不安、容易冲动、发火、暴戾、易患忧郁症，我们需要淡定从容、静心、安心，约束自己内心的躁动。如果每个人都能调整自心，让心变得安宁，那么整个社会就会安宁祥和。大环境遭受污染了，我们要清洗自心的染污，保护自己也保护别人，慈悲待人，提升人类整体的精神文明程度。

佛学是生命管理学。管理好自己的生命，要有生命的自觉。我们向佛陀学习，向佛法学习，必能找回自己生命的家园，离苦得乐，解脱自在，福慧无量。

第七章 人的本质价值与金钱观

世上最穷的人，不是手中没有钱的人，而是手中除了金钱以外，其他一无所有
的人。一个人，即使没有钱，但他有无穷的动力，有向上的动力，有向善的动力，
那么，这个人穷而不贫。

人的私欲不能被克服、被抑制，人就会向破坏性的方向走去。这时，
他想把他所想得到的，都"吞"进自己的身体之内。否则，他不甘心。
如果这个世界可以吃，他也一定会把整个世界吃下去。目的就是"占为
己有"。这就是"私欲"无限制的可怕之处。

于是，人把财产当成了自己，把权势、地位、名望、赞誉，连同
自己的聪明、才智、色相，也都当成了自己。人被物化了。物化的目
的达不到，危机就来了。内心的危机，生命的危机，接踵而至。所以，
危机实际上是人的一种退化，一种自我迷恋与自我捆缚，最终只能是
自作自受。

没有人喜欢生病，却又没有人不生病。没有人愿意服药，可生了病
却不得不服药。可见，世上许多事，并不由你喜欢不喜欢、愿意不愿意
来决定。

既然，不喜欢它照样来，不愿意你也必须做，那为什么不肯改为欢

欢喜喜呢？有病，我欢欢喜喜；要服药，我欢欢喜喜。心态一变，说不定这病就好了一半了。

人生的本质是苦。可是，人却容易为乐所迷、为利所惑，不承认苦，或者想尽办法逃避苦、掩饰苦。只有当人有了苦的觉醒，人才会去寻找离苦得乐的解脱之道。

人，承受不了社会给予的巨大压力，这时，有的自戕，有的自弃，有的出卖自己的灵魂和肉体。灵魂和肉体都成了商品，人既可以出卖自己，人也可以出卖别人。人的尊严不再存在，人的安身立命就成了一句空话。

一个学佛的人，一个真正接受佛法的人，必然能把任何外部的逆境，转化为自己内心的顺境。这才是一种生命力，一种生命的创造力。

昨天的苦与乐，都已成为过去。那不都是已经倒掉了的垃圾吗？

很多人不知道苦有时间性。昨天的苦，说不定成了明天或他日最甜蜜的回忆呢！

船和水的关系，是非常微妙的关系。没有水，就没有船。因为有水，才有了船。船是靠水托起来的，船借水而行。水是船的恩主。船当然要感水之恩。

可是，水能载舟，水能覆舟。这位恩主却又成了船的可怕克星。船每前进一步，都必须克服水的阻力，不克服水的阻力，船便不能前进。如果遇上了风（外缘），水变成了波涛汹涌、狂浪大作，那就更加凶险莫测了。可见，水是船的助力，也是船的阻力。

这不奇怪。得利受益，往往也隐伏了障碍。世上没有白吃的午餐。

得利就要思损，受益就要思害。你是船，你不应忘记水之恩，但你依然要借水之力，学会乘风破浪，踏着波浪向前。

人和人之间的关系，也有许多微妙性。必须保护这种微妙性，绝不应破坏这种微妙性。因爱生恨，由恩变仇，至亲变为死敌的例子，处处都有。请以船和水的关系为鉴吧！

恩仇相生，苦乐相连，实为一体，本无分别。

恩仇相视，人自分别。所以佛家提倡"中道"，不落两边。佛家讲平常心，讲无分别心，这才是人生的最高智慧。

人生会经受许多折磨。有来自对面的，有来自背后的，有来自仇者、怨者，也有来自亲人，来自你最信赖的人，还有来自素不相识、也素不相干的人。总之，说不清、道不明的折磨，的确不少。

请别害怕折磨。没有折磨，人不会走向理性。没有折磨，人不会走向成熟。当然，更不会走向成功。只有经过折磨，不拒绝折磨，能忍受折磨，人才能学会怎么活下去。

所以，有一句古语：能耐天磨真铁汉，不遭人妒是庸才。

善女陈宝莲，巨星张国荣，一在沪，一在港。时当中年，年华璀璨，却从高处跳下丧命。人们百思不得其解：为何如此轻生轻死？太阳下山明朝依旧爬上来，生命一去明天却不能再回来。

生命只有一次，为什么要放弃？如果说，已经遭受某种打击了，为什么还要自我折磨，再给自己加诸二度伤害呢？

幸福、痛苦、顺境、逆境，都是一种人生状态。也许事情已经无法改变，但完全可以改变的是我们的自心。

自心一变，境界大开。

人有人的品格，社会也有社会的品格。一个社会的社会品格，才是人类得以正常生活的前提。

假如一个社会的社会生活完全市场化了，那么，人与人之间的关系也市场化了，爱也市场化了，人格也市场化了，这很可怕。因而，**最大的不幸是社会道德的市场化。**

无钱要潇洒，有钱要含蓄。无钱要自立，有钱要积蓄。安身固然离不开物质条件、物质环境，但立命却是一个人的精神家园、精神主宰了。

市场人格化，是尊重人，尊重生意。人格市场化，是害人，最终也害了自己。所以，社会道德市场化，是社会的最大不幸。

做生意就是做人。会做生意的生意找你做，不会做生意的找生意做。为什么？会做人的，市场人格化了——可贵；不会做人的，"生意一回头"，人格市场化了——可悲。

很多人都知道求利。却不知道：利之所在，弊之所在也。"利弊相生"这句古话明明白白告诉我们：利在于此，弊亦在于此。聪明人知道得利之后，必须分利化利，以利抑弊，以利除弊。布施的功德，深矣哉。

世上最穷的人，不是手中没有钱的人，而是手中除了金钱以外，其他一无所有的人。一个人，即使没有钱，但他有无穷的动力，有向上的动力，有向善的动力，那么，这个人穷而不贫。

有挣钱的学问，有花钱的学问，但是，有没有把钱留住的学问？有。有人说：挣钱是本事，花钱也是本事。我说：把钱留住才是真本事。有人有钱，却留不住钱。有人留住了钱，那钱却不是他的——最后属于别人的。

存钱的真谛是保值。

真正的保值是布施。布施，才是真正的会存钱。佛家叫"广种福田"，这就是把钱留住的学问。

一个社会，不能扶正祛邪，这个社会就无法正常运作了。

我们的古人早就告诫过：争名于朝，争利于市，是非常危险的。因为，由此引发的争金钱、争地位、争权力、争名气、争威望、争面子、争排场、争富斗豪、争妍斗艳……都是十分虚假、一片泡沫的恶性争逐。物质上的满足不等于人生的价值和人生的目标。

人生价值、人生目标、人生理想，是一种境界，是精神领域的升华。精神不能净化，人格不能崇高，物质的富有只会使他变为精神的贫困儿。那时他会面对许多精神危机，他会从虚假的泡沫中跌落，跌落到罪恶的深渊，跌落到痛苦的深渊。

今天的许多道德危机、信任危机、家庭危机、心理危机……一切社会危机，就是这么来的。这是不快乐的真正根源。

名和利没有什么不好。求名求利、计名计利、贪名贪利，那当然不好。我的恩师茗山上人常说："你有名有利，就能为人民做好事，这名和利，为什么不要呢？"他是很有智慧的高僧。他说得好，有名有利，可以为人民做好事呀！无名无利，可以自度；有名有利，就能度人。名利越大，做的好事越大，度人也会越多。

有了名利，专做好事、善事，专做利人之事，这名利是他的福报。

运用名利，专做坏事、恶事，专做损人利己之事，那么，这名利就成了他的包袱，成了他的业障，那也许就是罪恶之渊了。

运用之妙，存乎一心。名利本身不可怕，可怕的是对待名利之心。心在哪里？心在你的行为之中。

●关于金钱的睿语

能增值的钱，才是有生命的钱。钱不能增值，放着也不保险，既浪费了增值的潜力，也会因抵挡不住诱惑，一点点儿消耗殆尽。这时候，就不是钱了，那叫消费，或者白费。

财产过多的人，很有可能会变成那一堆财产的奴隶，如果他不懂得施舍，又不懂得帮助别人的话。

我在某地看到一幅广告语："人无法把钱带进棺材，但钱却可以把人送进棺材。"想到这句话又能说出这句话的人，是天才。看到这句话而能引发思考的是英才。读到这句话无动于衷，甚至毫无感觉的人，我想，不是蠢材也可能是精神麻木或者他已在昏迷之中了。

人无法把钱带进棺材，是因为人只能把钱留给别人。留给谁？不是留给子孙后代，就是留给社会大众，可千万别留给你不想留给的人。所以，人，不能没有生命的智慧。

财富是人的需要，但它并不是人的唯一需要，更不等于一个人的全部价值。人，还有比财富更重要、更宝贵的精神质量在。不能因为追求财富、着意于财富，只看到财富而忘记了更重要、更宝贵的精神质量——亦即自己的心灵。放弃了人之所以为人的精神质量，视财富为主人，那么，他不是财富的奴隶，是什么呢？

有钱，要含蓄。无钱，要潇洒。喜欢炫耀财富的，往往不是真富豪，而是一个摆弄寒酸相的人，他的内心已经贫穷无奈了。

市场学大师菲利普·科特勒（Philip Ketler）经常强调：最好的产品不见得就一定赢得市场。通常是营销成功的产品获胜，而不是最好的产品获胜。

投资地产、卖楼，最重要的是地点，是楼的位置，能为客户提供方便，才是上品。买者不在买贵，而在买对。

让富贵而又骄矜的人，让只知享乐而又瞧不起穷人的人，也能面对一下苦难，面对一下无助，面对一下挫折或失败，我想，这不是坏事。这是人生的补课，他太需要这些了。没有这些，他永远不会思考，不会体验，不会懂得什么叫生活，什么叫承担，什么叫责任，什么叫良心。

物质刺激的引诱和追逐，不嫁富人誓不罢休的"贵妇心态"，趋利忘义的价值观，还有那个强化自我，唯我唯一的利益最大化口号，都让人与人之间的关系，变得紧张起来。贪婪、妒忌、野心与恐惧，压力与冲动，愤怒与仇恨，各以不同的方式吐出它们的毒焰。当情感走向干枯，理性走向失智，连最亲密的夫妻关系也变成了最虚伪最不可靠的关系时，你是否感受到道德缺失，责任泯灭，人性贫瘠，良知麻木的可怕？

有些人，总在打一个如意算盘，以为只要手中有钱、有权、有暴力，就可以摆平一切。其实，这个算盘，并不如意。如果钱、权、暴力，确乎成了全人类都认同的普世值，那么，中国古代还会有"防民之口，甚于防川"的警告？安徒生童话中，还会出现那个一语道破天机的小女孩吗？

有钱、有权、很黄、很暴力，能摆平天意民意吗？能够让地震不震，海啸不啸，泥石流不流吗？

科技发达，物质条件好了，这是人人开心的事。但是，改变了物质的贫穷，就等于改变了文化的贫穷，心灵的贫穷吗？当然不是。那么，物质的富裕，是引向贪婪，侵占和腐败呢？还是引向人性尊严，品德的提升和心灵的崇高呢？人类的生存状态，难道仅仅取决于物质的富裕吗？看看那些杀害亲生父母与杀害亲生子女的社会悲剧吧，大把金钱能解决道德的缺失、心灵的迷误吗？

品牌的前提是品。也就是品格、品德、品味。要上品，真品，才有品牌，失去了"品"，不真，无品，还有什么品牌可言？

靠弄虚作假，自欺欺人，永远创造不了品牌。

商品是这样，做人也一样。

个人有个人的品德，社会也有社会的品德。社会的品德是由个人的品德组成的。反过来，整体的社会品德下降了，不但会影响个人的品德，而且由此形成的社会风气，习气，就更可怕了。生活方式的糜烂，生命意义的迷茫，生命关怀的冷漠，行为质量的邪恶，整体的社会品德就可想而知了。据报载：某国家队，前往英格兰集训，行程十天，比赛三场，三场打架，比赛中断，领队道歉，球员开除。在国外给国人丢脸，是"表示遗憾""非常失望"这两句话就可了事的吗？一个集体，没有了道德观念，不知道什么叫伦理——球员与裁判的关系，球队与对手的关系，与全场观众的关系，与自己所代表的国家的关系，与电视机前一切观众的关系，你心中全无，你还怎么打球踢球？还怎么出国比赛？这是不是个人品德与社会品德的一面镜子？

老百姓口中常讲的"神经病"，大概是指神经出了问题。神经为什么会出问题？我猜想一定是神经被什么攫取了，抓住了，钳牢了，失去了自主性，所以，就出问题了。最能抓住神经的，一是名，二是利。

名者，势也。利者，财也。势大财粗，很容易扭曲神经。当钱和权成了这个世界的主人公，你想，你会活得自在吗？

今天的一些所谓朋友，不是见利忘义，就是庸俗不堪。一旦从你这里捞不到好处，立即扭头而去，甚至还会反咬一口，他却成了正义的化身。这样的人，也一定是"神经"出了问题的。

我是打工的，是为老板打工的。不对，是增值，是有了不交学费的进修机会。作如是想的员工，才是好员工，他为自己定下目标，建立自信，懂得自立、珍惜学习与充电的机会，积累经验，为自己增值。

这样的员工，不是一般的员工，而是一个品牌。

从孤立的个人的观点看，的确每个人都可以选择各自不同的价值观。但是，对融入社会的个人而言，他就不可能进行这种选择，他必须服从这个现实社会的"游戏规则"，所以，不遵守游戏规则的人（亦即不讲道德、不讲文明、不守礼的人），往往是最无知、最愚蠢的人。

社会污浊了，生活的环境污浊了，你能自净其意，独善其身吗？能。应该能。能做到自净其意，独善其身，就是一个大写的人、独立自主的人、不平凡的人。

在你的身边是些什么人？必须善于聚集贤能。人才，永远是最宝贵的资源。这是一个多元文化的时代，需要有新颖的、与众不同的建议。最好的决定，往往是从争辩中来的，是从集思广益中来的，是从不起眼的小人物那里来的。

生意兴隆的大公司、大企业，是健康社会的火车头，更是民主自由新世界的根基。商贸衰弱，国家必然衰弱。政府制定的法规、政策、制度，只是轨道，不是火车头本身。没有轨道，火车不能运行。而运行必须是火车头所带动的整列列车本身。

你不要以为你能够得到，能够占有；也不要以为你容易得到，容易占有。别忙，凡得到，就一定有失去；凡占有，就一定有付出。那失去的，付出的就是你的代价。也许是看眼前并没有什么失去，也没有付出，可是，别忙，拖的时间越多，你付出的代价将越大。

不要只看到外表的华丽，这华丽往往掩盖了庸俗的本质，我们的幸福观难道仅仅是汽车和洋房吗？

今天，人类的物质文明确实有了历史上所不曾有的进步，但生活本身已经证明，仅仅依靠科学技术的进步，依靠不断提高的物质享受，并不能使人获得真正的幸福。在物质生活富裕舒适的社会中，犯罪、社会不公，人的相互欺凌、厮杀，并不比相对贫穷的地区少，物质生活越丰富，享受越感官化、官能化，人们的精神就越空虚，道德也越下降，这不值得我们深思吗？

我们今天面对的一个社会现实，就是遇到一些事，无能为力。这种无能为力感，才真的可怕。儿子才上小学，或者，还未上小学，他就敢和父母争论，父母说服不了他，他的想法可多了。父母年纪大了，他们宁愿进养老院，去过孤独的生活，他们不是不愿和儿女住在一起，而是儿女根本就顾不了他们。有一些做了坏事的人，或者做错了事的人，你不能指责他们，因为他们的理比你还多。物质生活发展了，市场经济发展了，也培育了一切向钱看、唯钱万能的人生原则，这更是颠倒了人生。

人，本来应该有惭愧心，可是，今天，那些从小儿女到父母，从家庭到社会，无惭无愧的人，还真的大有人在。这种无惭无愧，正是一个城市为什么会有那么多缺德行为的病因。

"**我**的财富，一夜之间蒸发了，还不是输了吗？"不对。我们要明白，我们有时所拥有的，只是一个虚幻的数字。什么叫泡沫？泡沫是怎么来的？当初，你的财富增长很快，又是怎么增长的？也许当时正逢其时，正巧投中了机，所以，你的概率比别人高，运气比别人好。但当环境逆转时，泡沫破灭了，你的损失也肯定会很大，但不要紧，只是回到原地罢了。原来是进攻的，现在就转为防守吧。《过秦论》里说：

"攻守之势异也。"这就是"势"的不同。该出手时就出手,不该出手时,就"闷声大发财"。不声不吭,等着瞧,没有什么输,也没有什么赢。你有一个好心态,我祝你明天大发财。

只有信息沟通才能降低交易成本。

我看到餐桌上的纸巾印了一行话:
第一次不来是你的错。

第二次不来是我的错。

说得对。这不是人与人之间的关系吗?

社会中,往往有一种"搭便车"(free-rider)现象,不必有什么付出,或付出不多,即能捞足好处。这里,既有"创意"的成分,也有"变换",即改头换面的奥妙。就看你会不会赶上趟?搭上了,是偶然;搭不上,是必然。千万不可入迷。

古树被砍伐了,土地被夷平了,上千年的大树,被抬进了博物馆,说这是"古文物"。人们要购门票,才能入内参观——假如不砍伐,不挖走,不夷平,让它继续生长下去,那不是活生生的"古文物"吗?人们不是可以无须购买门票就到大自然中去参观吗?

由于滥捕滥捉,一饱山珍海味的口腹之需,许多野生动物濒临绝种。到了这时候,专家呼吁,保护动物协会游行、抗议,举着"文明"旗帜,呐喊求助。到这时候,才有人关注它们的死活,然而,已经来不及了。

我们面对着许多社会难题。可是,你是否已理解,已找到这些难题的本质？

一切难题的本质，都在人的自心。

调摄自心，转变自心，管好自心，正是佛教教化的全部精髓。

在中国这个特殊的社会结构中，有的人明知要"夹起尾巴做人"，可是，他的尾巴还是控制不住，要翘出来。有的人，已经很努力夹紧尾巴了，可是，夹了尾巴也做不成人。到了这时候，你该指责谁呢？是指责不夹好尾巴的人？还是指责想夹好尾巴，也夹不成的人呢？

阅报获知：美国前纽约州州长斯皮策（Eliot Spitzer）反黄扫毒，打击卖淫嫖娼，政绩显赫，可他却因召妓下台。在伊朗被称为"道德王"的德黑兰警察总长萨雷（ Reza Zarei ）领导了德黑兰"城市道德净化计划"，专门打击违犯伊斯兰教法规的一切犯罪行为，他被全国誉为"道德执行官"。可是，某日深夜，警察冲进德黑兰一家宾馆搜查，当场把这个正与六个妓女大被同眠的萨雷捉个正着。

这个世界是不是有点儿颠倒了。你能想象那是一场"戏"吗？

伦敦大学政治学者明诺格（Kenneth Minogue）教授研究贪腐，讲了一句名言：不错，一箩筐会有几个烂苹果，但一箩筐全是烂苹果，那就完全是另一回事了。（Every barrel has a few bad apples, but a whole barrel of them is a different thing altogether. ）对此，你有什么思考呢？

人，创造了文明的人，也用文明掩盖了罪恶，包裹了罪恶。人压迫人，人剥削人的现实，恰恰都是在文明的合理性、合法性的名义下公然进行的。

林语堂生前说：“美国人难以了解中国人及中国文化，因为美国人通常是宽大，单纯，但不够深刻。英国人不能了解中国人及中国文化，因为英国人一般是深刻，单纯，却不够宽大。德国人不能真正了解中国人及中国文化，因为德国人深刻，宽大，但不够单纯。至于法国人，在我看来，是能了解并已经是最了解中国人及中国文化的……”如果美国人能够学习中国文化，将会获得深刻；英国人学习中国文化，将会获得宽大；德国人学习中国文化将获得单纯。

中国文化，是值得我们深思并且大大弘扬的。

一个富人，放弃了中国，移民到外国去，实现了自己的“转移”，这也许只是剧终，而不是终点。

旧社会上海有一位名人大佬杜月笙，他说过这句话：人生有三碗“面”最难吃——人面、情面、场面。偏偏这几碗难吃又难捧的“面”，在学校往往没有人会教，到了社会，又没有人敢教。于是，我们只能靠自己的本能，不断在人情困境中，学会做人的能力。

这席话，说的是旧社会的生活体验，强调做人难。难在哪里？还不是难在自心？

身为一个企业家，一个企业的领导人、决策者，你所要做、所应该做的，不是做你所想要做的，而是要做市场（客户）以及你的员工所希望你做的，或者是他们盼望你，要求你去做的。也就是说，你所做的，正是你的客户、你的员工所希望你做的。你做到了，你就成功了。

不懂人情世故，不谙人情世故，可能是幼稚，是清纯。但仇恨、对立、报复、无理又无礼，那绝对不是幼稚，不是清纯，而是品格障碍，是狭隘、自私、唯我和内心昧暗。看起来，他在与人为敌，与他的环境为敌，其实，根本还在他与他自己为敌。

个人，不能把目光专盯在金钱上和物质利益上，如果视野只局限于金钱、物质利益，那么，他就看不到更深的人生意义和更高的人生境界了。

很多物质文明高度发达的国家或地区，为什么犯罪率并不比贫穷的国家低呢？物质生活富裕了，人的精神境界上去了吗？

美国是世界上最有钱的国家，那里的物质生活水平，大概是世界上最令人羡慕的。可是，那里的精神生活却不敢恭维，校园枪声，杀人为了扬名，一切强调个人主义，"我"就是唯一。世界都要为"我"让路。这个"我"，这个"一己之利"，成了至高无上的独尊，独大，独狂。只要遇到他不如意的，他责怪别人，责怪社会，责怪一切，好像整个社会都欠了他的债没还。这种个人至上，一切以个人为价值取向，就变成了不顾后果的任性糟蹋，肆意破坏，伤害无辜，危害社会。

这种人、这种风气，也蔓延到中国来了。顺境，得意时，狂妄自大，独吞天下，侵略性特别强，占有欲特别大。逆境呢，失意了，疏离一切，情绪失控，走火入魔，又成了另一种破坏狂。他自毁自弃，还要拉着别人同归于尽。人的智慧，人的灵性，哪儿去了？那时，人，就真的不像人了。

世间，永远是一个三声不断的世间：笑声、哭声、打闹声。当然也会有歌声、骂声、不作声。

不须惊奇，也毋须惊讶。有日落，也会有日出。天下本无事，庸人自扰之。不做庸人做超人，岂不更好？

看看今天的社会吧：一边是物质的繁荣，一边是精神的荒凉。我们在生命过程中得到了物质享受，感官刺激，欲望的满足，但是，我们却又在生命过程中失去了人生的目标、活着的意义，人的理想和尊严（这何尝不是一种 translation），这些看不见、摸不着、抓不住的东西，既崇高又珍贵，这也只有讲觉讲悟的人才能体会吧。

"现实比小说还要荒谬"。因为五浊恶世嘛，佛家用"五浊"来说明它，是最贴切不过的了。

切社会危机，本质上都是人的精神危机。

我们每一天都在想改变社会，改变别人，改变时代。可是，你有没有想过：一个连自己都不能改变的人，他能改变别人、改变社会吗？只有先改变自己——改变自己的心态，改变自己的所思所想，所作所为，也就是改变自己的心，改变自己的行为，那么，你才能改变社会。佛教要求我们自求，自度，内求，内明，正是这个意思。

改变自己，转变自己，要求自己，改善自己，这才是改善社会的前提。

要转化社会，必先转化自己。

第八章 人，最不知道的是什么

管好生命，就是要尽责任。尽什么责任？尽生命角色的责任。所以，管好生命，也可以说首先是管好自己的生命角色。

　　有些人，什么都不缺，洋房、汽车、美女、美食、证券、股票、名誉、地位、权势、仆从，应有尽有，唯独缺了心灵的健康，缺了人生境界，缺了对自身的认知，缺了精神的满足感。一句话，少了智慧。什么叫危机？在利不知害，在害不知利，就是危机。一个人失去了方向感，失去了自控力，就是危机。一个人，能拿金钱买到的，他都有；用金钱买不到的，他都无。他物质丰盈，而心灵一片空白，这就是危机。请从般若找回自我吧！现象不真不实，不要我执，更不要我慢、我嗔、我痴，保持一颗平常心（无分别心）、清净心（无染污心），不要所求太多，所念皆妄。世界有了佛教的空观，人人有了佛教的空智，必然互相关怀，和平共处，人人皆有慈悲心，压力自然变成了前进的动力。方立天教授说得好："所谓智慧，是既能明察一切事物的是非、真假，又是能正确取舍、断除烦恼、解除痛苦的能力。而愚痴恰恰相反。真正的智者都必奉善行，而愚者必作恶事。"般若就是这样的智慧。让我们学习般若，实践般若，只要领悟了般若智慧，而又运用般若智慧于我们的生活（学习、工作），管理好自己的生命，则人类与世界的前途，便开启了一条充满希望与走向健康的幸福之路。

以研究人、研究人的本性、研究人的异化、研究人的存在而闻名于世的马丁·海德格尔（Martin Heidegger, 1889—1976 年），在经过第一次世界大战的痛苦体验之后，他对于人可以出卖别人，人与人之间为什么会那样凶残、谋害与不公，总想找出其原因。他终于从希伯来民族的《创世纪》中找到了最原始的源头——亚当和夏娃偷吃禁果，并说是因为蛇的怂恿。

从这个故事，我们至少可以看出以下四点：一、人能知错、知愧。二、人会推诿，会掩盖自己。三、人容易上当，太过相信别人。四、人对自己不负责任。一定要查责任，责任都在别人那里。把这四点集中到一点，就是人不知道自己有责任。

所以，海德格尔终于找到了人类从最初就具有不负责任的原始性格。

据说哲学界一致公认的是：海德格尔的最大贡献在于他用最有说服力的分析，把人性赤裸的存在揭示出来，从而告诉我们只有用解放人性中的责任感，才能打通人际之间的友爱关系，以人与人之间的整体性，即人类的整体性，来完成人的真正存在，以人类的整体意识来完成人生在世的生存目的。

我这里只不过借用海德格尔的"发现"作为一个引子，来印证我们佛教徒的理想和誓愿。我们一早上殿，先诵偈：

愿今得果成宝王，还度如是恒沙众。

将此身心奉尘刹，是则名为报佛恩。

伏请世尊为证明，五浊恶世誓先入。

如一众生未成佛，终不于此取泥洹。

这是我们皈依三宝，身入佛门时所发四弘誓愿、增上誓愿的形象化说法。都是说的众生有苦，菩萨有悲，众生度尽，方证菩提。这就是佛菩萨的责任自觉。佛经中常讲，如母忆子，如母怜子，母子天性，子苦母救，这就是母亲的责任自觉。马克思说："无产阶级要首先解放全人类，只有解放了全人类，才能最终解放自己。"这就是马克思的责任自觉，无产阶级的责任自觉。海德格尔呼唤人类要从不负责任转到尽责任，只有人人尽责任，人人都有责任自觉，那么，人的存在才能真正实现。可见海德格尔的呼唤同2600年前佛陀的呼唤是完全一致的。

从报纸上，我常读到十几岁的孩子离家出走的报道，电视台还有专题节目，经常讨论。佛教讲因缘。离家有离家的因，出走有出走的缘。一个孩子，正在读书、求学、成长的年龄，忽然抛书弃家，走了，不知流落何处。怪孩子吗？孩子有气。怪父母吗？父母有泪。怪老师和学校吗？老师和学校有冤。怪社会吗？你找不到责任人。谁都没有责任，恰恰是谁都有责任，谁都不能没有责任。归根究底，当然是孩子自己本人有不可忽视的责任。

问题却是我们不知道自己的责任。

小皇帝（小公主）们，享受的是依赖的爱，是别人无条件给予的爱。

饭来张口，衣来伸手。父母爱他，爷爷奶奶姥姥姥爷爱他，学校、老师当然也爱他。他所享受的关心、体贴、照顾，全是应该的。他享受了这种爱，却不知道自己有珍惜这种爱、维护这种爱的责任。如果有一点点关心不够，体贴不到，照顾不周，或者稍不遂意，那就很可能招来一场"暴风雨"，以最极端的方式，学着电影电视里的情节，车站、码头、孤山野庙，漂泊去也。哪管你父母多少眼泪，家庭多少心血，老师多少自我谴责，学校、班级多少不安和影响，对社会又造成多少伤害！他没有一点个人责任。假如他知道自己有责任，也就不会离家出走了。

离家出走的孩子，毕竟是少数。人类的恶行还有很多：偷盗、抢劫、仇杀、色诱、强暴、谋害、欺诈……尤其街头公然施暴，眼见弱者被虐、遭祸，周围观者很多，却无人制止、无人相救，群体失语，历史失忆，社会不公，正义何存？人，为什么失去了责任自觉？是真的不知道自己有责任？

家庭伦常悲剧，时有所闻。父母的责任，丈夫的责任，妻子的责任，兄弟姊妹的责任——是否都已尽到自己的责任？还是不知道自己有责任？

人类向大自然滥施开采，肆意掠夺，结果是江河污染、环境破坏、生态失衡、大地震怒。南亚海啸，死亡 25 万人，受灾人口 200 余万，还有 SARS（非典型性肺炎）、禽流感、疯牛病等，报由业感，共作共受。人，有没有意识到自身的责任呢？有些国家，为了旅游收入，知情不报，甚至隐瞒疫情，难辞其咎——是不是也不知道自己有责任？

某校的一次期末考试，监考老师迟到五分钟，腋下还特意夹来两本与考试无关的书。学生应考，他找了一个空位坐下，翻开带来的书。学生考试两小时，他在那里看了两个小时的书。学生反而以吃惊的眼光看看他。他不知道自己的责任？

佛学，就是生命管理学。学佛，就是让我们管好自己的生命。管好生命，就是要尽责任。尽什么责任？尽生命角色的责任。所以，管好生命，也可以说首先是管好自己的生命角色。我以老师为例吧。一个学校的教师，他大概有五种生命角色：一、知识的传播者，责任是传播知识；二、团体的组织者，责任是组织好全班的教学；三、纪律的维护者，责任是管理秩序、维护集体纪律；四、家长代理人，责任就要代家长照顾、关心、教育好孩子；五、模范公民，责任就是言传身教，为学生做出表率。可见，尽责任本是尽自己的生命角色的责任。

如前所述，一个正在读书的孩子，我想也有三个生命角色：一、对父母而言，他是儿女。儿女的责任就是关心父母，孝敬父母，维护家庭，体谅父母的责任；二、对学校而言，他是学生。学生的责任，就是尊敬老师，严守校规，专心致志，好好学习，掌握知识与技能，完成学业；三、对一个班级而言，他是这个团体的成员。他就有维护本团体荣誉的责任，不能给本团体造成危害。如果他知道了自己这三个生命角色的责任，他还能逃学、离家、出走吗？

话又说回来，我们身为佛教徒，当行佛事。我们的生命角色是什么呢？顾名思义：法师，是传播佛法的老师。和尚，是人天师表。比丘，是具足四义——净乞食、破烦恼、净持戒、能怖魔的乞士、义士。僧，是"和合众"，是有僧律僧仪的团体，是推广佛法、住持佛教、弘传三宝的集体。那么，我们的责任是什么呢？当然，一位出家人，一位修持者，他的生命角色还远不止此。如前所引，四弘誓愿，增上誓愿，也都是我们的责任，篇幅所限，这里就不展开了。

读圣贤书，所学何事？师兄，同修，同学，我们知道自己的责任、想过我们应该承担的责任吗？如果没有自己的责任自觉，岂不有辱僧格，有负法乳佛恩，能无羞愧？

●关于心的内在动力的睿语

和谐是一种心灵指向。你能把和谐化为你的体验、体悟，那么，这正是你对人生、对宇宙的一种把握。

德国诗人海涅，曾经构思了他的一个寓言：

十七世纪，在资本主义刚刚起步，工业革命方兴未艾的英国，一位发明家异想天开，制造了一个十分完美的机器人，其功能同正常人几乎没有区别，衣食住行吃喝拉撒睡，无所不能。然而，遗憾的是，这个机器人没有灵魂，所以便向他的制造者索取灵魂。这个科学家被他创造的机器人搅扰得不胜其烦，只有逃离大不列颠，跨海到了欧洲大陆。机器人不灰心，紧追不舍，追随科学家也来到欧洲大陆，一见到它的制造者便高呼：Give me a soul!（给我一个灵魂！）Give me a soul!

当然，机器人不可能知道自己没有灵魂，更不可能向制造者索取灵魂，否则，它就不是机器人而是人了。对此，麻天祥教授指出，海涅不过是作为一种表达方法，想借此告诉人们，人，不仅需要有形质的肉体，以及满足肉体存在的物质需要，然而，他更需要见不着、摸不到却具有主宰作用的灵魂。正因为如此，机器人才不是人。

说得真好，人能离开自己的心灵而存在吗？人能够对自己的心灵没有认知吗？

在佛家看来，心与物不是二，是一。在哲学上，叫心物一元。所以，佛教认为，心即是物，物即是心，这个命题，爱因斯坦在他的相对论中也已说到了：物质是能量的特殊形态，能量也是物质的特殊形态，两者是一。佛陀的发现，比爱因斯坦早了 2500 年。

什么叫"理想王国"？因为现实中没有。现实中有了，那还叫什么"理想王国"？可见，"理想王国"实际上并不存在，要有也只是在理想中。理想可以描述，可以夸张，可以憧憬，虽未实现，但通过描述，却又活灵活现，有影子可寻，有蓝图可望，有美妙可求。然而，它不存在。"理想王国"到底是什么？是求不得的心影。

一个努力的人和一个不努力的人，都能得到同样的结果，甚或，那个从不努力的人得到的可能比一个非常努力的人要多得多，这是非常不公平的事。但这样的事，又确实存在着。实现社会的公平正义，首先是在人心的公平正义。于是社会的公平和正义，就成了人类不断追求的理想。

人有好心，不会做坏事。有好心，也不应该做坏事。可是，因为好心而做了坏事的，却又确实存在。不但存在，还屡屡发生，时有所闻。最让我们要当心的是：好心做坏事不能成为继续做坏事的理由。

人 必须真诚。只有真诚，才让人觉得可亲、可信、可靠。只有真诚，领导才有威信。只有真诚，团队才有凝聚力。只有真诚，人才能与人相处。只有真诚，这个社会才能健康和谐。

吃 饭仅仅是动筷子、动嘴吗？走路，仅仅是挪动两条腿吗？体育仅仅是锻炼了身体吗？没有"心"的参与，没有"心"的动力，"心"的调整，"心"的着意与专注，哪一样事情能够办成？

佛家常说，人要有一颗平常心。说说很容易，真正体现一颗平常心，做到一颗平常心，却并不容易。为什么？平常心，是一颗觉悟了的心。只有觉悟了的心，才会有平常心。

真理不在别人嘴中，真理也不能靠别人给你。真理，本来就在你的心中。如果你的心中没有了真理的位置，你还将怎样活下去？

有人问我，别人谋害我，一再让我吃尽苦头，我应该毫不犹豫地报复，坚决反击呢？还是记恨于心，君子报仇，十年不晚呢？我回答说：错。万万不可记恨记仇，怨恨化解不了怨恨，慈悲和宽恕才能化除仇恨。我向他说了下面一则故事：

1981 年 5 月 13 日，梵蒂冈圣保罗广场，土耳其枪手阿贾混在人群中。教皇若望·保罗二世乘坐敞篷车，进入广场，准备向信众发表讲话，阿贾对准他连开两枪，枪枪击中。广场内顿时大乱，惊叫声四起，教皇遇刺，倒在血泊中。他手部、腹部中枪，其中腹部伤势较重，经过 6 个小时的手术，才救出性命。

23 岁的土耳其杀手阿贾当场被制服，两个月后，即 1981 年 7 月 22 日被判终身监禁。这里要说到被刺的教皇若望·保罗二世，在医院抢救苏醒后，相隔仅 4 天，即 5 月 17 日，教皇在医院留医的病榻上宣布宽恕了他。教皇后来病愈，两年半后，1983 年 12 月 27 日，又亲自到监狱中探望阿贾，并且再次当面公开宽恕了他。阿贾深受感动，改信基督，自称和教宗建立了特殊的友谊。2000 年 6 月 13 日，意大利特赦阿贾，递解他回土耳其。2000 年 6 月 16 日，伊斯坦布尔法庭裁定阿贾谋杀罪名成立，判监 25 年。由于阿贾真诚悔过，发自内心的改恶向善，2006 年 1 月 13 日，获提早假释。

我把这个故事说完了，若望·保罗二世的宽恕、探望，阿贾的感悟，真诚悔过，这不是对我们最好的启示吗？人能息灭贪嗔痴，勤修戒定慧，这就是心的觉醒，生命的自觉。

人要保护好自己的心灵啊！

一个人，有好心，好的愿望，好的想法，于是，也就有了好的行动、行为，也希望达到好的效果，好的结局。可是，事实却不然。比如，父母总希望儿女成才，于是，把孩子送进名校，找到名师，可是，孩子学习的效果呢？未必如你所愿。你对他要求越高，他可能使你越失望。问题出在哪里？问题出在你的想法和孩子的想法并不一致，也难以一致。孩子从幼儿到青春期，再到成人，这是一个不断变化的过程。在这个过程中，他会有不同的想法，尤其今天社会的变化，游戏机、网吧、电影、电视，孩子受到的诱惑太多，对于一个未成年的孩子，他有接受各种诱惑、各种影响的可能，你能帮助他管好自己的心吗？他能管好自己的心，你就可以放心了。

一个心浮气躁的人，一个灵魂躁动不安的人，一个习惯于以暴力对待他人的人，你想一想，他是不是缺少了什么？

他最缺少的正是心灵的关怀。这个关怀，不需要别人给他。自己能关怀自己的心，就对了。

所谓"心上没有病"，就是心上没有阴影，心上没有灰尘，心上没有染污，心上没有任何杂质，心上没有任何负担，心上一无所有。这就是还它一个心地清净，亦即回归自性本清净也。

心地清净了，得大自在。还有什么"病"？没有了。

有了病，当然要请医生看，要检查，要吃药。吃药，就是一种清洗，但药只是清洗了身体的器官，清洗了身体的物质部分。心上清净也是一种清洗，是用心的能量去清洗了精神的那一部分。这是一种内部的清洗，只能用你的心去清洗。这才是更重要的清洗，更为本质的清洗。

人既是社会的人，更是宇宙的人，吃药，是社会的人的那一部分；用自心的力量，让自心清洗自己，这是宇宙的人的那一部分。佛学，就是让你从社会的人回归到宇宙的人，即自性本清净、自性本是佛的那个人。

（自性佛，就是回归父母未生你之前的那个你）。

心地清净，自然无病，心地清净就是无病。

在生老病死的现实中，人没有任何自由可言。不论权有多大，财有多富，你并不自由，当然，话不能说绝，人归根到底还有一个自由，即心的自由。向迷的方向走去，就是胡思乱想的自由；向悟的方向走去，那就是禅的真正自由。

禅的自由，就是明心见性，就是人的最终解放。

如果你想要获得成功，你就必须有忍受孤独、经受磨难，不为所动的定力。磨难和定力，这是一个人走向成功的两大元素。

于丹有一句话说得很好：我们的眼睛，看外界太多，看心灵太少。是的，要学会看自己的心灵，要认知自己的心灵，就必须研究佛学，懂得佛学。

文章是一种精神。一堂课，一次演说，一席对话，也是一种精神，绝不是搞笑、娱众或自娱可替代的。用搞笑、戏说来代替学术，只能是学术的不幸。

人的一切搏斗，差不多都是与自己的搏斗，与自己内心中的心魔、心结的搏斗。

人心之不同，各如其面。

一个人的行为选择，往往是他的潜意识，或他的"种子识"所决定的。

药以治病，佛以疗心。佛法的学问，就是心的学问；佛教的道理，就是心的道理。佛陀救人，救的是心。

我们的许多烦恼，无尽的焦虑，以至一切执着、算计、争夺、绞尽脑汁、你死我活，无不从分别心来，从自我爱、自我感、自我意识来。人要放下执着，从自我爱、自我感中走出来。

人，无法逃脱的不是命运。人无法逃脱的是自己的心。这个心，表现在哪里？表现在你的一个又一个的念头。所以，也可以说，人无法逃脱自己的念头。

　　人既然逃脱不了自己的念头，因而，人也就逃脱不了由念头所引起的行为。最终，也必然逃脱不了由行为所引起的后果。

　　这一切的根源，就在念头，就在你的心。

　　逆境当自强，到处是机会。天地如此广阔，何处没有人生的机遇？脚下本有路，为何你不走？

　　向东还是向西？走路有方向。想东还是想西？思路也有方向。金融海啸，股市、楼市一片唏嘘，影响之大，波及老幼。是悲是喜？你往何处想？想损失，想困难，想伤痛，这就是想到负面去了。想世事无常，想诸法无我，吃一堑长一智，越想越聪明，这是想到正面去了。这个想法的不同，正是人生境界的不同。

　　佛教讲"一心不乱"，这是很有道理的。心不能乱，心一乱，一切都乱了。心一乱，连感觉、感知，也不对了，感受不到了，那就危险了。托尔斯泰的小说《安娜·卡列尼娜》的开头写道：奥布朗斯基的家里，一切都乱了。就因为奥布朗斯基的心乱了，奥布朗斯基和他太太安娜·卡列尼娜的关系也乱了。可见，心不能乱。

　　宗教文化，是心灵文化。你可以不信仰宗教，可以不去了解宗教文化，但是，你可不能不了知心灵文化，心灵健康才是人生最根本的健康——第一性的健康。情绪的健康、行为的健康皆源自心灵的健康。对心灵文化缺乏认知，正是人类许多不幸的根源。

我认为佛法不在天上，不在书本中，不在文字里。佛法就在生活中，就在你自己的心里。那不是别人给你的，是你自己本来就有的。只是你自己没有发现自己。别人不能代替你的发现，发现还得靠你自己。

《法句经》第一百六十条中云："唯有自己可恃，舍自己谁可依赖？应善自调御，得难得之归依。"心有归依，是为最上。

禅的真理，不是别人告诉你的。别人能够告诉你的，只是概念、逻辑、言语、道理，或者那是一个并不属于你的世界，禅不在别人的言说之中，禅原本就在你的心中，是你本有的自家宝藏，不需要别人告诉你，只等待你自己的发现——发现你自己。

人们总在追求价值。价值在哪里？真正的价值，在境界，在人生境界。你的境界，就是你的价值。境界的高低决定了价值的大小。

爱因斯坦深信过去与未来，在他所谓的第四维空间中，也就是他称为时空（space-time）的真实状态中紧密联系着。"过去、现在与未来之间的差别，只是人类的错觉。"爱因斯坦说得太好了，他道破了一个秘密：时间即第四维空间，时空不能分隔，时空同时俱在，时空原为一体。佛陀早就发现这个秘密了。"世界"这个词，是佛教给我们带来的。"世"，指时间，即过去、现在、未来（三世）；"界"指空间。"实际"这个词，也是佛教用语，也是佛教给我们带来的。"实"指空间，"际"（过去、现在、未来三际）指时间。这个"世界"，这个"实际"，原是时空一体，不可分离。爱因斯坦的发现同佛陀 2600 年前的发现，不是同一真理吗？

　　人，是一个漂泊的人，是一个无家可归的人。他必须找到自己的家园，也即找回自己的家园。这个**家园在哪里？ 在自心**。有几个人能认知自心？认知自心，心有所依，他就回家了。

　　人的一生，是他自己所书写的一个故事。这个故事的高潮在哪里？这个故事的结局在哪里？他自己知道吗？他是应该知道的。可是，他不知道。不知道，就是无明，就是迷误。人，不应该破除这个迷误、走出这个迷误吗？

　　科学无法解答宇宙的终极谜题。因为宇宙的终极谜题，还在人类自身。有一天，科学把我们自己、自身的谜题破获了，那么，宇宙的终极谜题，也就解开了。这一点，向佛陀学习吧。他才是解答人类自身谜题的第一人，所以，他被称为佛。佛，即觉悟的人，智慧的人。

　　别人说什么不重要，重要的是自己要争气。

　　读，读到深情处，文也通大半。

　　记，记得旧句子，便是新文章。

　　你同别人的关系到底怎样，这正是可以照见你自己的一面镜子。

　　我们的不高兴太多，我们的指责太多，我们的怨气太多，每个人能不能把自己做好，这才最重要。

　　人，如果能从自我迷恋、自我执着中走出来，他就自由了。有人生活得不自由，不是别人剥夺了他的自由，而是他自己不给自己自由。他的固执、他的顽固、他的不肯改变的思维方式，或者他的那种自我感，就把他自己捆绑住了。

　　我们曾经批判过"自我膨胀"。什么叫"自我膨胀"？一个人，只有他自己，在他眼中，没有别人的存在，没有世界的存在。他就是这个世界，他是这个世界的唯一，他有一种站在世界的巅峰并握有全世界的巅峰感。这种巅峰感就是他"自我膨胀"到已经失去理性了。盲目与愚蠢，也就成了他必然的结局。

在职场拼搏的人，常说累、压力大。如何对待压力？我想到五条。

一、压力是好事。没有压力，人类不会活到今天。人就是在压力中成长的。我们欢迎压力。

二、压力的本质，是责任，要尽责任，要有责任自觉。责任越多，你的机会就越多。

三、不怕认错，敢于认错，错了能改，勇于承担。不把责任推给别人。

四、说到就要做到。只说不做，或者说了不去做，说了做不到，那是最坏的习气和品性，决不做这样的人。

五、替老板分担，替同事分担，这是我的本分。

你心中有这五条，还会有压力吗？

有人以为钱就是财富。这不真实。钱是流动的，放不住的。只要你有消费，尤其是高消费，钱就流走了。还有，去赌博，那不是投资，那是投机。"常赌无不输之理"。如果不能自律，因赌败家，也许一夜之间，就成了"高负债"。一个人的财富就会因没有自律的能力，抵挡不住诱惑，一点点消耗完了，流失殆尽。所以，人能自律，这个自律的能力，才是一个人真正的财富。

一个有自律能力的人，必然是一个脱离了低级趣味的人。

一个人的生活情趣，生活品味，是和道德相联系着的。一个人能不能和谐，他是否生活在和谐之中，他能不能把和谐带给别人？这实际上是他的生命状态，是他的道德状态，也是他做人的品格状态。

话不能说绝。把话说绝了的人，思维方式是有问题的，至少是不健康的。因为，那距离真理会越去越远，距离他本有的清净本性也越去越远了。

做错了认错，认错了改错，并不需要勇气，只需要真诚。

我们不是没有游戏规则，而是没有游戏规则的意识，也就是没有遵守游戏规则的自觉。中国古称"礼仪之邦"，这个"礼"和"仪"，就是一种游戏规则的自觉性。做到了，才是一个堂堂正正的人，也才有知礼如仪的自豪感。

一个人的道德状况、价值追求、精神信仰的问题，这是我们现代人的根本问题。不论你学历多高，学问多好，财产多富，权势多大，地位多么显赫，这个做人的道德状态，价值追求，精神信仰的根本问题不解决，都是很危险的。如果说，我们的"最大失误是在教育"，那么我们的教育最值得深思和总结的，恐怕也是在培养什么样的学生这个前提下必须解决好道德状态、价值追求和精神信仰这一根本问题。这个根本问题不解决，社会就必然隐伏着危机。

一个理性的人，他对他自己发出道德的指令，发出守礼的指令，他所服从的不是别人，而是他自己。

康德（1724－1804年）曾经做过分析：比如，耶稣所命令的对我们邻人的爱。但是，耶稣对我们而言，不可能是道德的权威，而是我们的理性把他看作道德的权威。如果说，那就是我们承认的权威，则事实上正是我们的理性而不是耶稣。所以，理性、理智，才是我们所认可的终极的权威。

不管这个世界如何瞬息万变，你只要确立你的道德这一基准价值，你就不会感到孤独、彷徨与困惑。

有许多人学过科学，说的也是科学，但科学方法，科学思维，从来没有到达他的心里，从来没有在他的心中生根。他连起码的科学态度也没有。那种狂妄、无知、唯我和笑话百出，就因他自我膨胀，他的自我感把他自己淹没了。

人的一生的主旋律在哪里？在你的眼界、在你的境界。境界在哪里？在你的知见。这个"知见"，才是人生的命根子。

清康熙的宠臣高士奇《天禄识余》一书中抄录了明代沈万三弟弟（沈万四，又名沈贵）给他哥哥的一首劝喻诗：

锦衣玉食非为福，檀板金樽可罢休。
何事子孙长久计，瓦盆盛酒木棉裘。

这对那些炫富而又丑态毕露的人，是不是一面镜子呢？

开放，旅游，旅游，开放。的确是一件大好事。但是，把一些自己并不觉察的习气，也带到了海外，带到了另一个文化环境，那就会产生许多误解或者不愉快了。据报载，公共场所大声呼叫、喧哗、吐痰、打闹、听任小孩随地大小解的，那就令人侧目生厌了。只有傲气，没有骨气；只有任性，没有人品；只有狂妄，没有尊严，这是不是应该反思一下自己？

做企业，不是只为了赚钱和养活员工。商家是一种生活方式，企业家也是一种生活方式。我们出家人不也是一种生活方式吗？提升自己的生活方式，请向佛陀学习吧。佛学是生命的智慧。

大眼看小眼，伙计看老板。你是打工的，不，不对，是利益共同体，实际上是生命共同体。一个出资搭平台，一个出力演好戏。大家都在为顾客服务，为社会服务。在同一个目标下，一起去向市场挣钱。只会挣老板的钱的员工，不是好员工。只会从员工身上挣钱的老板，也不是好老板。老板员工都是企业的主人翁。大家都在实现自己的自我价值，这才是共赢、共享、共荣。这才能实现企业的持续发展。

一个人，连文化都不懂得尊重了，他还会尊重自己吗？一个连自己都不会尊重的人，这个人还会有前途吗？

执像求佛，佛不在像。执经求法，法不在言。佛法何在？无处不在。究在何处？在人自悟。

一个人，不能突破概念，困惑、迷惘、神秘，便不可能有悟。

一个人喝醉了，倒在路上，他指着别人大喊，你们都醉了。这个人，你说是谁？

佛教教人走出我执、法执，这是最高的智慧。在我执与法执中纠缠不休的人，是永远不会认识真理的。

悟性的我和盲目性的我，这两者是不能不弄清楚的。佛法，就是让我们认识这个"我"。

学，做的是加法，即增加知识，增加文化积累，增长智慧和感悟。修，做的是减法，即去除妄念杂念，去除习气，去除自身的垃圾，去除烦恼，去除灰尘。学与修，都提升了自心的境界。

据说列宁在攻读黑格尔的《逻辑学》时，感喟的说："这是引起头痛的最好方法。"那么，你来读读佛教的因明学、唯识学，恐怕这种"头痛"也不知要超过当时的列宁多少倍了。不过，对于求法者、追求真理者而言，这个痛是必须接受，也必须跨越的。

伦，是人伦。理，是道理。**伦理，就是人与人、人与社会、人与自然环境、人与一切众生的关系的道理**。这个道理，在行为上就表现为道德。所以，道德才是正确的、正当的、正常的伦理。古代就叫伦常。

做人，不能不讲伦理。伦理观是一种文明，是人类对客观存在的正确认知和积极面对。

伦理，对人类社会的生活、工作，都具有最本质的意义。它是维系社会秩序，维系人与自然环境，维系一切人与人，人与众生关系的基础。失去了这个基础，人类还怎么生活，怎么生存？

与伦理相对应的就是管理。**伦理是内在的管理，管理是外在的伦理。**

伦理是一种道德的要求和自觉的行为，管理是外在的规范和行政的措施。只有把伦理精神融入管理，你的规范和行政措施才不是硬性的、强制的，而是内化为自我调整，自我约束，自我要求。那么，人人都有这种自觉，人人都能自我要求，自我管理，对集体而言，这就是一种团队精神，一种共同体的情感认同，一种自觉的行为习俗了。这时候，只有到了这时候，管理就真正进入文化层次的文明轨道了。

西方哲人亚里士多德说过：品德是产生友谊的三大原因之一（另二是利益和愉悦），一个人没有品德，也就不可能有人生境界，更不可能有什么人的魅力四射，千秋留芳！

只会争吵的人，只会吹胡子瞪眼睛骂山门的人，根本不懂得什么叫谈判，什么叫合作，什么叫和谐。

我们很多人，头脑发达，但心灵空虚。怎么办？有佛陀，有佛法。佛教讲事不碍理，理不碍事，事理无碍，理事圆融。这就是说，事与理，原为一个整体，不可分割。理在事上，事在理中。可是，我们有一些人恰恰不是，他说的是理，心中不存理。做的是事，事常不合理。为什么？因为，他把理与事对立起来，或者，把两者割裂开来了。他只知做事，不知存理、达理、合理、守理。他们专门在做背理、悖理、不合情理的事，这正是某些人的愚昧和可悲之处啊。

我们的老祖宗也强调"读万卷书，行万里路"。读万卷书，是为了穷理；行万里路，是为了印证。穷理，是书本上的探求；印证，是实践中的自悟自得。

Code of practice（行为守则、作业守则）：你只要有一个工作的岗位，就要遵守你的作业守则。"作"，是要做到；"守"，是要坚守住。作的是专业行为，守的是道德和法例。作的是尽职尽责，守的是忠诚和承诺。那么，这个 code of practice 不就是一种做人的、做好工作的、从事一项事业的根本价值吗？

英国牛津大学选拔精英，公认最难过的是面试这一关。有一次，一个考生进场，三个教授问：你为什么戴手表？考生一愣，如果回答"为了知道时间"，那就坏了。

能进入面试的，个个都是全优生。而能否正常回答问题，几乎能决定一个年轻人终生的命运。

有一年，一个考生进试场，教授迎面把一个皮球向他掷来，打在考生头上，这道试题，考官早有默契，如让皮球砸了而慌张失措的，不予录取；把地上的皮球拾起，处变不惊，笑着上前应对的，予以有条件录取（conditional offer）；把皮球捡起，想也不想，猛力向三位教授迎面掷回去，而且命中目标的，无条件录取。因为考官欣赏敢于拍案而起，勇于对抗的年轻人，不要逆来顺受的奴隶。没有性格的人，功课再好，到头来终是庸才。这里提倡的是人的自觉，自我觉醒。

佛教既是宗教的信仰形态，又是独特的文化形态。通过佛教来唤醒人们的和谐自觉，提升人们的心灵素质，这是济时佛教的重要的实践课题。和谐不仅是理念，而是普世伦理的准则和做人的道德规范，既可以协调社会的人与人之间的关系，也是维护人类生存与发展的基本要求和重要保证。

佛教讲戒定慧三学。头一条，戒学，这个戒，本是为了防止僧团的腐败。不防止腐败，就不足以发展教务，弘扬教义，因此，这是自身生存的一件大事。戒，是不需要害怕的，我们称为"增上戒学"，这个"增上"正是为了向上，为了增善，为了增益，为了有利自他。

一念·信仰

信是正道。正道是人的立身之本，所以，信仰也是人的立身之本。

信仰是黑夜明灯，是苦海舟航，是生命的归属，是人生的家园。有了这样的精神支柱，人格、理想才有了源头，有了根基。

第九章　信仰，信的是什么？

有人格，有理想，人才能强大，人才能提升自己、超越自己，才能体现生命的价值。
而这两者，都离不开信仰，也一定离不开信仰。因为信仰是人格和理想的源头，
也是人格和理想的结晶。

◎什么是信仰？

《辞海》是怎么解释信仰的呢？《辞海》中说：对某种宗教或主义
极度信服和尊重，并以之为行动的准则。《辞源》是怎么解释的呢？《辞
源》中说"信服尊敬"，它没有指"宗教或主义"，令我更为惊讶的是
《辞源》在"信仰"条下，还举了佛教经典中两个案例。一、《法苑珠林》
九四：生无信仰心，恒被他笑具。二、唐译《华严经》十四：人天等类
同信仰。这两条资料很宝贵，前者指出，人，生而无信仰心，就会经常
被他人嘲笑。后者指出，对佛陀、对佛法的信仰人天等类悉同，是生命
智慧的共同信仰。

信仰的前提是"信"。我又想研究一下孔子是怎么说"信"的。《论
语·学而》："信近于义，言可复也。"孔子认为信与义相近，是义的
范畴，是表示一个人，有所言，有所承诺，就要经得起检验。这是说，

人要言行一致，而且，实践是检验真理的标准。《论语·为政》："人而无信，不知其可也。"这是说，一个人，言而无信，不讲信用，不知他怎么能立身于社会、怎么能与人相处？我又查了一下儒家十三经中的《春秋》。在《谷梁传·僖公二十二年》中云："人之所以为人者，言也。人而不能言，何以为人？言之所以为言者，信也。言而不信，何以为言？言之所以为信者，道也。信而不道，何以为信？"

上述三条数据，同我前引的辞源的数据，都非常重要，非常有意义。信是什么？信是正道。人不能不言，言不能不信，言而有信，就是义，就是正道。一个人，言行一致，而且经得起检验，经得起实践的检验，这就是正道。一个人不守正道，不走在正道上，他怎么能立身于社会，怎么能与人相处呢？善哉，信而不道，何以为信？

可见，信是正道。我们信仰的也必须是正道，只能是正道。

信是正道。正道是人的立身之本，所以，信仰也是人的立身之本。

人，是不是坚守正道？是走在正道上，还是走在歪道、邪道上？这是人的人格状态，也是人有没有人生理想的标志。今天，我们常听到有人讲人生三大件：票子、房子、车子。把物质生活的三大件，说成是人生三大件，我看是一种迷误了。

◎人生三大件

人生最根本的三大件，我想应该是信仰、人格、理想。

人格是高尚的品格、高尚的情操。理想是人生的目标，人生的走向。

有人格，才是一个独立的人、自主的人、大写的人、站起来了的人。

有理想，人才有了方向，有了前进的目标，有了前进的动力。

有人格，有理想，人才能强大，人才能提升自己、超越自己，才能体现生命的价值。而这两者，都离不开信仰，也一定离不开信仰。因为信仰是人格和理想的源头，也是人格和理想的结晶。为什么这样说呢？因为，信仰是一种精神支柱；信仰是一种崇高的信念；信仰是一种超越自我的追求。这种信念和追求，高于生活，高于生命，有如顶空的日月星辰，它照耀我们，我们相信它，又仰望它，所以才叫信仰。所以，信仰是黑夜明灯，是苦海舟航，是生命的归属，是人生的家园。有了这样的精神支柱，人格、理想才有了源头，有了根基。

一个人的生存状态，就是一个人的人格与理想的状态。既然信仰是人格与理想的源头，那么，信仰就是人的生命的一种见证。我试从三个方面来说信仰是生命的见证。

◎信仰是生命的见证

第一，做一个宗教徒，不等于他就有了信仰。一个人不是宗教徒，不等于他就没有信仰。2400 年前，苏格拉底因为不信神而被判死刑。（在这里，我要指出，有些不了解佛教的人，总是把信佛和信神硬扯在一起，这是不同的概念，不能画上等号。信仰佛教不是信仰鬼神。信仰佛教和信仰鬼神是根本不同的两回事）苏格拉底不是宗教徒，但他有坚定的毫不动摇的信仰。他的信仰就是：人生的价值在于爱智慧（这与佛教徒可谓不谋而合），人要用理性来观照生活（这也与佛教相似），尤其是要有崇高的道德生活，人不能没有道德。这就是苏格拉底的信仰。法庭对他宣判时说，可以免除他的一死，但前提是，他必须放弃他的这一信仰，也不能宣传这一信仰。苏格拉底拒绝了，他宁愿死去，他喝下了法庭给他的那杯毒药。他为他自己的信仰，献出了他的生命。这就是一个伟大的生命的见证。

第二，人生活在客观的物质世界，这个世界要讲一个"理"字。人，没有理性，不行。因为生活是很理性的，世界的存在也是很理性的。累，压力，痛苦，都是很理性的。你具备了理性的思考，理性的认知，你就能激发生命力，激发内在的自强、自立、自力。这种理性只能从正确的坚定不移的信仰来。人又生活在一个人文的世界，这个世界要讲一个"情"字。人不能太理性了。太理性了就有点冷。一个关心他人、爱护他人的人，一个有同情心、有慈悲心的人，还能冷冰冰吗？因此，在人的理性中，激情也占有一席之地。没有激情，没有感情因素，生命中伟大的东西也不会实现。人要创造自己的未来，创造，就来自激情。只有激情的萌发，才能使人一往无前。所以，信仰必须建立在理智与情感相平衡、相统一，又牢牢地结合的基础上，任何单边的或倾斜的、落入偏见的理性或情感都不可能有真正的信仰。没有理性，不会有坚定的信仰；没有情感，不会有虔诚的信仰。信仰，是信仰者的理性；信仰，是信仰者的深情；信仰，是信仰者理智与情感兼具的生命力量。所以信仰的信仰者，是最能把理智和情感结合得最好的人。请看，这是不是一种生命的见证？

◎信仰是心灵的自觉

信仰，不但是生命的见证，而且是内心的光。内心有光，不管白天黑夜，不管走在哪里，都有方向。不辨方向，你就不知何去何从，何住何往？有了正确的方向，你就能走向你的人生目的地。从这一点来说，我们降生人间，来到这个红尘滚滚的世界，由于自己的无知、不自觉（佛教叫"无明"），我们丢掉了自己的许多东西，遗忘了自己的许多东西。信，就是帮助我们找回原本属于自己的许多宝贵的东西。所以，信仰，就是寻找真理，寻找美好。向哪里寻找？佛陀告诉我们，只有向你自身去寻找，向你自心去寻找。所以信仰，其实就是人的心灵的发现、人的心灵的回归，人的心灵的自觉。

可是，我们有些人，心灵迷失了……

迷失在哪里呢？

我们从世界范围来看，无论东方、西方、南方、北方，今天的一切社会危机，都是人的精神危机。也许，有些人还没有意识到自身潜伏的危机的存在。现在，有什么"时代病""都市病""亚健康""精神综合征"，等等，名目繁多，不一而足。

艾利克·弗洛姆（Erich Fromm）说过一句话：人追随理性主义，业已到达理性主义完全不合理性的地步了。他为什么要这样大声疾呼呢？我们先回顾一下历史，无论是东方的中国文化、印度文化，还是西方的希腊文化，介乎东西方之间的希伯来文化，都认为人生活的目标是成为完整的人，完美的人。而今天，我们的现代人，却认为生活的目标是追求完整的物质生活、完美的物质享受。物质的欲望成了人的最高追求，物欲的追求成了人的生活目标。人的成功，也就只集中在物质方面的成功。人，在物质的享受之中却看不到自己已隐伏了无法满足的陷阱。因为，人的满足，不仅仅是物质所能解决的。

满足感、享受，恰恰是精神领域里的东西，可是，在这种时代性的变迁之中，人也把自己变成了物，生命成了物的奴仆或附属品。请看，物质越丰富，条件越优越，享受就越感官化、官能化，人就越不快乐。事实上，有的人在他们的努力和结果之间存在着一条巨大的鸿沟，出现了困境和失落。高楼大厦、车子、房子、票子，你有我没有，物质不满足，欲望达不到，从个人来说，心理压抑、心情烦躁、失眠、失意、困扰不安。

从家庭来说，亲情淡薄，为了一点物质利益，家庭关系变得十分脆弱，爱情变了质，婚姻不和谐，抵制不住毁灭身心的物质诱惑。从社会来说，人与人之间的疏离，盲目的竞争压力越来越大，人陷于孤独、无奈、无助，甚至由躁动、绝望，走向疯狂、报复、占有、劫掠、厮杀、爆炸、同归于尽……人处于一种精神分裂状态，人出现了许多不合常规的变态性格，人活得就越来越不像人了。

其原因就是，人把"物"当作了自己，把自己的财产、物质享受，甚至把自己的聪明、才智、声名、威望、权势也当成了自己，迷失了自己的心灵，迷失了自己的精神境界。

一句话，信仰空虚，迷失了信仰，迷失了人生的方向。看起来是社会的危机，实际上是人的倒退，人的退化。人的心灵自觉唤不回。

所以，人，需要信仰。

我是在抗日的烽火中读完小学的，当时一边逃难，一边读书，在作文中常写到的一个词，就是"流离失所"。那个"流离失所"，无家可归是很痛苦的。可是，生活失所固然不幸，更可怕的是人的精神失所、信仰失所啊！人，如果精神失所，失去了精神构建，失去了精神家园，那是一种怎样的存在啊？人，不能没有自己的心灵构建、心灵家园啊！

历史学家汤因比（Arnold Toynbee）对世界历史有深刻的研究，他谈到自己研究世界历史的体悟时，说过这样一句话：**所有的历史，当其外壳被除去之后，都是属于心灵的历史。**多么深刻的睿智之见！

人，为什么需要信仰？就因为人需要精神的强大，需要心灵的构建。只有心灵的构建，才有精神的强大。而心灵的强大，只能来自心灵的醒悟。而信仰，指引了你，启示了你，支撑了你，加强了你——改变了你。

一切创造，都是内心的创造。只有内部的成功，才是外部成功的动力。

我们佛教徒，不管是学禅、学净土、学密、学天台、学唯识，都是追求的一心不乱，一念不生，一尘不染。这就是内心的宁静、内心的和谐、内心的和平。

只有内心的稳定，才会有社会的稳定。只有内心的和谐，才会有社会的和谐。只有内心的和平，才会有世界的和平。

◎信仰三宝是正信

在佛教中，信，是心所法之名。**使心澄明清净是为信。**换言之，信能使人心地澄明清净。

请让我再说得深入一点：佛学也叫"内学"。内学，不是叫我们从世界外部去看世界，是叫我们从世界内里来看世界。你看花，不是从外面看花，要从花里面来看花，只有你变成了花，你就是花，你才懂得花。只有你做了母亲，你才懂得母亲。只有你找回了心灵的自觉，你就是自性佛，你就是佛。所以，学佛者的生活，是把生命按生活的原样，去感受生活、认知生活、体悟生活。"哪个台无月，谁家树不春？"让我们每个人都从生命的本原处找回人的最高境界（佛性）。

佛法信仰是无尽的宝藏。你唯有通过信仰的门，才能走进这一精神文化宝库，才能采获宝藏中的珍品。《大智度论》卷一中说得好："佛法大海，信为能入。智为能渡。""复以经中说信为手。如人有手入宝山中自在能取。若无手，不能有所取也。有信人亦如是。"信仰佛教，是信仰三宝，必须三宝具足。三宝是宝，我们取之不尽，用之无竭，一旦接受，受用无尽。唐代著名诗人卢仝在其《寄赠含曦上人》一诗中说："起信中百门，蔽骨得真髓。"只有信仰，才能得其真髓也。佛法的智慧之光，能使热恼者获得清凉，迷误者走出蒙昧，孱弱者找回勇气，悲伤者得到抚慰，绝望者得到希望，骄傲者学得谦虚，无惭无愧者知道愧悔，果断刚强者学会慈悲宽容，一切善良而未圆满的心灵，都能在信仰中寻找到身心的安宁、清净、自在，再现自身本有的觉性，重回自己的精神家园。

佛法是正信，是破除一切迷信、破除一切邪信的。所以，佛法才是正道。

《华严经》卷六中说："信为道源功德母，增长一切诸善根，除灭一切诸疑惑，示现开发无上道。"可见，信仰是一种智慧。除疑灭惑，增长善根，示现无上道，开发无上道，都靠了信仰这个功德之母。

我国古代，把佛门称为"信门"。把信佛的人称为"信心"。唐代另一诗人夏鸿在《和赠和龙妙空禅师》中说："出为信门兴化日，坐当吾国太平年。"这个"信门"，就是"佛门"。唯信，使社会兴化；唯信，使吾国太平。又一唐代诗人谢勮《游烂柯山》诗："惟将无住理，转与信人说。"《金刚般若波罗蜜经》中的无住妙理，只有对信佛者说，只有信仰者才能悟得。

自性悟，即佛。佛即是自性人格的体现。信仰，正是人格和理想的源头，正是人格和理想的结晶。但愿你我都有正信。

阿弥陀佛。

第十章　只知其一，一无所知

法不孤起，法无自性，自然众生亦无自性。众生由缘而生，人亦由缘而生，所以，人也本无自性。既无自性，因为因缘的变化万端，人的发展成长，就有了无限的可能性。

"只知其一，一无所知。"（He who knows one, knows none.）这是麦克斯·缪勒（Friedrich Max Muller，1823—1900）的一句名言。麦克斯·缪勒是英籍德国人，是著名的东方学家。他在1878年所写的《宗教学导论》一书，被认为是比较宗教学的奠基性之作。比较宗教学作为一门独立的社会人文学科，一般也认为是由麦克斯·缪勒所创立的。本学期，我们开设了"比较宗教学"这门课，所以麦克斯·缪勒的这句话就被介绍过来了。

据说，1870年2月至3月间，作为一位宗教学研究的学者，麦克斯·缪勒在伦敦英国皇家学会下属的英国科学研究所，先后做了四次演讲。这四篇精彩的讲稿结集出版后就是今天我们见到的《宗教学导论》。

在第一篇演讲稿中，麦克斯·缪勒首先提出了一个非常现实又非常尖锐的问题，即"怎样才能认识宗教"。我猜想他当时所面对的听众，一定是"左中右"都有（这也是毛泽东主席的一句名言：凡有人群的地方，就有左中右），这包括了信仰宗教的，或不信仰宗教的，对宗教持肯定态度的，或抱怀疑、批判态度的。不论是专家学者，还是普通听众，只要是想认识宗教的人，我想都不能不回答这一问题：怎样才能认识宗教？

对此，缪勒的原话是这样说的："只懂一种宗教的人，其实什么宗教也不懂。"这句话的涵义既丰富又深刻。因为"宗教"只是一个抽象的概念，而宗教现象则是具体的、世界性的。世界各民族各地区都有各自的宗教。要探讨宗教的本质，认识宗教的意义及其存在的价值，就不能不对世界上各种宗教现象进行科学的研究。研究的方式，当然要运用比较，有比较，才有鉴别。所以，"只懂一种宗教的人，其实什么宗教也不懂"就是必然的结论了。后来，这句话被浓缩为"只知其一，一无所知"。其哲学上的内蕴就更精辟而更具理性了。

就我们佛教来说，根本原理是缘起论。"此有故彼有，此无故彼无，此生故彼生，此灭故彼灭。"宇宙万象，人间万法，通通不离因缘和合则生、因缘离散则灭的法则。既为缘生，自然法无自性。所以佛教中没有"神学"，"神学"在佛教中没有得到任何发展。科学讲实证，佛教就更讲实证了。所以，"只知其一，一无所知"，对佛教而言，是最符合佛教的内在逻辑的了。

过去，我们常说，文学就是"人学"。其实，佛学不是"神学"，佛学才是真正的"人学"，是真正研究"人"的一门大学问。难怪太虚大师要说"仰止唯佛陀，完成在人格，人成即佛成，是为真现实"，这就是人间佛教的现实主义。这才是"只知其一，一无所知"的应有之义。

法不孤起，法无自性，自然众生亦无自性。众生由缘而生，人亦由缘而生，所以，人也本无自性。既无自性，因为因缘的变化万端，人的发展成长，就有了无限的可能性；人事的成败、胜负、利弊、祸福也就有了无限的可塑性；人的生理、心理、性格、才情、环境，随着因缘的不同，也就有了各不相同的差异性。可见，人对人类自身的认知，也是"只知其一，一无所知"的。

怎样才能认识宗教，是一种认知。人怎样才能认识自己，就更是最根本的认知了。人有许多自觉或不自觉的谬误，恐怕正是来自于不认识自己。人要认知自己，我想有两个大的内涵：一是认知作为人类的人的自身；二是认知作为"个体"的我的自己。前者，是认识人的本质、本性、特性、人之所以为人、人所异于众生者。后者，是认知"我"自己的性格、气质、长处、短处，或优点、缺点、弱点、不足，我之所以为"我"的独特性和特殊性。这两个认知，我想都是在佛学的范畴之内的。前者，佛学的真理能帮助我们解析并走出人对人类自身认知的迷误；后者，学佛才能帮助我们认识"我"自己。这不也正是"只知其一，一无所知"吗？

一个不去认识自己又不肯认识自己的人，必然是一个不了解自己的人。什么样的人才是既不认识自己又不了解自己的人呢？我想，出于无明，出于种种知障，既不认识自己又不了解自己的人是很多的。其中，最为突出的恐怕要数一个傲慢、狂妄、自视甚高、眼空无物、不懂得什么叫谦虚的人，就是最不认识自己又最不了解自己的人了。

中国古代有个成语——夜郎自大。根据考证，此语源出《汉书》中的一篇《西南夷两粤朝鲜传》。其中记汉武帝派使臣至滇，当时仍是西南夷的滇王与汉使言："汉与我孰大？"在这句话的后面，还紧连着一句"及夜郎侯亦然"。意思是：滇王、夜郎侯，都是西南夷的首领，他们与汉隔绝，从无往来，信息不通，连"汉"有多大也不清楚，因此只好与自己相比，询问汉地与我谁大？明明这是滇王之问，偏偏又把夜郎侯也拉扯进来，说夜郎侯也有同样的感觉，不知汉有多大？从虚心求知来看，这一问也并没有错，毫无自大之意。但历史上却留下了这个成语，还赋予了贬义，不知怎么又转嫁到了夜郎的头上，成了"夜郎自大"了。

若从实际出发，我看既说不上"夜郎自大"，也说不上"滇王自大"，因为人家就没有自大之意。真正以"大"自居的还是"汉朝"。从考析这个成语，我倒发现了原来"自大"是一种心态（是"汉使者"的自大心态）。可见，自大的原义，本没有多少褒贬的成分。准确点说，应是中性的。但是，如果自大又夹带了别的什么，那"自大"的性质就变了。我们的古人在创造汉字时，一定也很有研究的：自大加一点，就是"臭"。可见，自大加了一点，味道也不对头了。

这一点，是什么呢？这一点，就是"慢"。自大原不可怕，加了这一点——慢，性质可完全变了。这在佛教中就称为"贡高我慢"。贡高，是骄慢自高，瞧不起别人。慢，是梵文 Mana 的意译，本指傲慢自负。在《俱舍论》卷十九中，曾列举了七种不同的"慢"（亦有"九慢"之说）。总之，骄慢、轻慢、怠慢，归根究底，是恃我慢他。"我"本不足恃，一旦控制不住那种强烈的、突出的自我感，"我"被放到了一个不可动摇、不可更改、不可礼让、不可理喻的情境下，往往产生了对事理的扭曲，一切以自我为中心，把"自我"扩张为扬己抑他、重己轻他、唯己无他。

到了这个份儿上，就会出现三个迷误：

一、只看到自己的长处、杰出之处。只记得自己的优点、优势，夸大自己的优点，忘记了自己也有缺点和弱点，甚至还把自己的缺点当作自己的优点而沾沾自喜。

二、听不得半点批评意见，听不得一点相反的意见，只能听赞扬，听顺耳的话。听到一点"逆耳之言"就生气、暴怒、反感，甚至施行报复。他只能陶醉在一片赞扬声中，靠吹嘘"过活"，自鸣得意，自得其乐。

三、最大的悲哀是犯了错，却学不到教训，因为他错了，他也自以为是。用鲁迅先生的诗来说是"躲进小楼成一统"，自成一套真理和逻辑，以自己的真理为真理，以自己的逻辑为逻辑。他会不惜代价，不顾大局，不计后果，任性由己，固执难改。

这三个盲点，使他自己"鹤立鸡群"，凸显于群体之外，通常与群体并不协调，难以合群。可见，"轻慢"确实是一种心灵上的"杀手"，它能杀伤人与人之间的和谐。他不知道他的"咄咄逼人"，往往也逼得自己毫无退路。我曾经读到一篇调侃某足球队的文章，其中说"本事不大脾气大，修养不足派头足"，我想，这对傲慢无礼正是一种形象化的写真。这样的足球队据说同裁判、环境、球迷、媒体等各方面的关系都很紧张。这种紧张恐怕就来自于既不认识自己也不了解自己了。

一魔万箭。傲慢很可怕，傲慢阻碍了自己的发展和前进。傲慢使人既没有羞愧之心，也没有感恩之心，他不能警示自己，也不能遏制自己，失去了自我调节机制，所以他从不会在良心上苛责自己。**一个看谁都不**

顺眼的人，他自己也一定活得很不开心。美国著名的发明大王爱迪生，到了晚年，也被他的傲慢挡住了成功的道路。他固执地反对交流输电，结果导致大败。人们看清了他的自傲领域犯的不应该犯的错误。三国时的关羽将军英雄一世，最终荆州失守，败走麦城，伤了蜀汉大事，这也是吃了傲慢、轻狂、刚愎自用的大亏。教训岂不深刻!

还有一位大化学家戴维。当法拉第被提名为英国皇家学会会员候选人并进行表决时，唯一反对的竟是学会会长——法拉第的老师戴维。学生超过老师，有什么不好呢? 但是，他出自傲慢之心，不愿看到法拉第的成就超过自己，那就要危及他长久以来的宝座了，他的妒忌心使他成了历史的罪人。他那反对的一票，当然无损法拉第的声誉，却恰恰暴露、玷污了戴维自己。可见傲慢会把人推向谬误的深渊，与真理的距离越去越远。他身上的花环，也会一瓣一瓣地凋零殆尽。我们的古人孔夫子早就看出来了。他说过一句名言: 若使周公之才之美，使骄且吝，其余不足观也已。即使他有周公那样的才华、美德，如果他傲慢、悭吝，不懂宽容慈悲，真的无所足观了。所以，一个了解自己、认识自己的人，必然是谦虚的，永远的谦卑，永远的虚怀若谷，永远的包容和宽容，他也才能真正具有胸怀和文化滋养。

不过，我还要补充: 一个傲慢的人，往往也确实有某种能力，有某些特长。但是他不知道，他的能力，他的特长，也是相对的，或者说，会有局限性的。即使他有傲视他人的"本钱"，他还必须明白，他所拥有的，未必都是他所能兑现、所能全部发挥的。比如，你说你力气大，可是这一天，你感冒了，有点儿晕乎乎，还能把你的力气发挥出来吗? 比如，你说你钞票多，这钞票存在银行里，只要没有提出来，你手中依然是"空"的。比如，你说你有朋友，他位居要津，是你的支撑，可是，这位朋友忽然调动、调走了，这优势也就打了折扣了。"尺有所短，寸有所长"。人，不但要知道自己的不足，知道自己的弱势，还要知道自己的优点、优势、特长也会打折扣，不可能百分之百兑现，这才叫了解自己，认识自己。

"只知其一，一无所知"，这句放射着哲理光辉的名言，会给我们以无尽的思考与启迪。

第十一章　信仰创造和谐

信仰，正是心灵的财富。心灵的财富，才是人生真正的财富，人生最为宝贵的财富。家庭的和谐，是全家的幸福。人与人之间的和谐，是人的幸福。社会的和谐，是全社会的幸福。

和谐，是内心的创造。和谐，是生存的智慧。

说它非常重要，因为这很现实，是生活中的现实，是具有社会普遍性的现实。

说它十分宏大，因为家庭问题的探讨，涉及了我们每一个人，每一个不可能没有"家"的人。既涉及"家"，又涉及"人"，就不简单了。这不仅会涉及道德、伦理、法律、人生哲学、社会学、人类学、心理学诸学科，而且还不能脱离了历史的、时代的考察。

比如，在中国文化中，我们的古人强调修身齐家。首先是修身齐家，而后才是治国平天下。那时，讲五伦，守五常，重孝道。"父母在，不远游，游必有方。"富贵人家，克绳祖武，兰桂齐芳；贫寒之家，菽水承欢，不弃糟糠。嫁过去，白头偕老；娶回来，终身不二。所以，古时候，四世同堂，儿孙绕膝，瓜瓞绵绵，天伦共享。昨天谁能挽留？时间不会凝固。斗转星移，世事沧桑，你死我活，城头变幻，历史早已旧貌换新颜。《红楼梦》里贾母、贾政的那个家庭，《雷雨》里周朴园的那个家庭，《家》《春》《秋》里觉新、觉民的那个家庭，甚至黄世仁的家庭、杨白劳的家庭，电视剧《大宅门》的那个家庭，都已成为历史烟云，随风而去。要说，也只是作为艺术作品和历史回顾而留在舞台和荧屏上吧。在今天的现实中，人们还是不能不面对市场经济、面对商品社会、面对竞争压力、面对当代的价值观。我们的古人，可万万没有想到今天的单亲家庭、丁克家庭、再婚家庭，还有什么同居、分居的家庭，种种形态，不一而足。难怪哲学家、社会学家要惊呼：严格意义上的家庭正在解体。还有人担心，家庭在现代社会中所占地位极低，甚至有人忧虑家庭是否会崩溃。

今天强调社会的多元，也尊重社会的多元。家庭是社会的细胞，家庭形态的多元，不是今天的现实吗？无论怎么变，家庭的基本成员，离不开夫妇。有夫妇就会有儿女。有儿女必然有父母。夫妇（父母）儿女，这就是最基本的家庭。一个人的成长，犹如一棵小草、一株树苗，家庭就是他赖以生存的最早的土壤。除了孤儿院的儿童，父母总是人生的第一位老师，第一位启蒙者。人的教养，人的人格教育也是从家庭开始的。父母的生养之恩，劬劳之苦，这是任何人都不能也不应忘记的。在人类文化学的意义上，具有历史悠久传统的家庭，成为社会生活的基础，才有了国与家的坚强的感情纽带。中国人的家国情怀，君父情结，几乎就是建立在"家"的基础之上。

可是，历史无情。所谓现代物质文明中的功利主义，正在把传统的家庭观念雨打风吹去，让我们不能不付出沉重的痛苦的代价。今天的家庭危机，正是社会危机的一个缩影。家庭中的人，也是社会的人。家庭中人与人的关系（夫妇关系、父子关系、兄弟关系）也是社会中人与人的关系的一部分。而且是最有血缘、情缘、亲缘的关系。难道这不应该是最具亲和力、最具凝聚力、最能成为一个整体的一种人际关系吗？血浓于水。自古夫妻叫结发同心，夫妇和而家道成。父子（父母子女）叫情逾骨肉，天下无不是的父母。兄弟叫情同手足，世界最难得者兄弟。诗歌绰绰，圣训怡怡。一家之桐木称荣，千里之龙驹谁匹？所以自古名言：家和万事兴。夫妇如琴瑟和谐，父子谓麟趾呈祥，兄弟则棠棣竞秀。不管世事如何变迁、社会如何跌宕，家庭的形成与成员结构如何不同，亲情都应该得到认知。

可是，不对了，今天的现实并非如此。一首流行歌曲唱得人心怕怕：说过的话可以不算，爱过的可以重换。你的信，一撕两半，你的情，一刀两断。相爱容易相处难，夫妇不稳定，琴瑟不和谐，家庭走向破碎，冰炭不能同炉，骨肉成仇，亲人疏离，社会的核心——家庭出了问题，社会这个大家庭的人与人之间的疏离、冷漠，就可想而知了。今天六宗教思想交流的主题，说它有十分重要的现实意义就在这里。

我们今天这个社会，最讲财富了。那个福布斯排行榜，几乎每天都在拨算盘。不过，那是有形的财富，是身外的财富。有形的财富，何如无形的财富？身外的财富，何如生命之内的财富？物质的财富，何如心灵的财富？

信仰，正是心灵的财富。心灵的财富，才是人生真正的财富，人生最为宝贵的财富。

我们今天常讲"法治"，即依法行政，以法治国。立法，司法，不错，法律可以规范人的行为，可以制止人作恶犯罪、作奸犯科。可是，法律不能规范人的思想，不能规范人的心灵。我们的古人强调以德治天下，今天也叫以德治国。不错，五讲四美，上海市的"七不规范"，还有职业道德，家庭美德，社会公德，我们许多人都耳熟能详，倒背如流。可是，理论与现实画不上等号，并不因为有了道德标准，有了道德知识，有了道德要求，人就道德化了。现实的人，既不完善，也很吊诡。你看，言不由衷，口是心非，说的比唱的还好听，言行不一，口蜜腹剑，思想出轨，失去理性。那理论的美好、道德的高大、伦理的规范时时被情绪的失控、无名的冲动、一念的迷误而践踏得体无完肤。这时候，家不成家，人不像人，世界好像颠倒了。这不是理论不好、道德无力、法律有漏洞、伦理有缺憾，不是，而是人的心出了问题。荀子愤而说：人性本恶。我们的兄弟宗教说这是人的原罪。从我们佛教来说，无明覆盖，业障所据，贪嗔痴三毒所害。要解决这个问题，只能是宗教的课题了。净化人心，自净其意，出迷入悟，断惑证真，心净则国土净，这是我们佛陀的伟大教化，三宝的庄严殊胜，亦是我们佛教徒的人生使命了。

《法句经》第十四品第七条说：

圣者极难得，不是每个家庭都能出生圣者，但圣者出生的家庭必和乐兴旺。

注释这条经文的有一个故事。阿难尊者有一天突然想起一个问题：我们的导师佛陀告诉我们，纯种的大象只生长在参达塔和优萨陀种中；纯种马只生长在信度种中；纯种牛只生长在优莎帕种中。他只告诉了我们有关纯种象、马、牛的事，但却未提及最尊贵的人生长在何处呢。经过一阵思考后，阿难尊者就前去向佛陀请教这个问题。佛陀回答说："阿难，最尊贵的人，并不生长在某一个特定的家庭中。但，最尊贵的人生长的家庭，必定和乐兴盛。"说得多好啊！并不是每个家庭都生出道德高尚充满智慧的人，而是道德高尚最具智慧的人只能出生在和乐兴盛的家庭。

《法句经》第十四品第八条说：

诸佛出生世间，令人喜悦；佛法在世间弘扬，令人喜悦；僧伽和合，令人喜悦。比丘持戒，令人喜悦。

注释这条经文的也有一个故事。一群比丘在讨论"幸福是什么"，他们明白，不同的人对幸福的理解并不相同，有人认为拥有国王般的财富和荣耀，就是幸福。但有人则认为感官的享受才是幸福。还有人认为得尝美食才是幸福。正当他们热烈讨论时，佛陀来了。佛陀在明白他们讨论的话题后，说：比丘们，你们所说的那些喜乐无法使人解脱痛苦，在这个世界，幸福的来源是佛陀出现世间，有听闻奥妙佛法的机会和比丘们和谐相处。

太好了！前一段经文，前一个故事提出的是：最尊贵的人出生在什么家庭？答案是和乐兴盛的家庭。这一段经文、这一个故事提出的是：什么才是幸福？答案是三宝具足。这两者有一定的内在联系。一个尊贵的人，也肯定是最幸福的人，而最幸福的人也肯定是有宗教信仰的人。两个故事的共同点，恰恰就是佛陀都提到了"和"。一说和乐，一说和谐。

这不是偶然的巧合，而是佛陀提示给我们的生命的智慧。

　　家庭的和谐，是全家的幸福。人与人之间的和谐，是人的幸福。社会的和谐，是全社会的幸福。一个幸福的家庭失去了和谐，还有什么幸福可言？一个不幸的家庭，很可能就因为失去了和谐。

　　和谐在哪里？和谐不是商品，你有钱买不到。和谐不在别人那里，你去找也找不着。和谐只能在你自心，和谐是你内心的创造。这个内心的创造，只能源于你对和谐的觉醒。你有和谐的觉悟，你才有和谐的认知，才有和谐的坐言起行，才有和谐的人格健康。所以，我说和谐是佛陀教化我们的生命智慧。

　　和谐不是没有矛盾，不是没有冲突，不是没有烦恼。有矛盾，能自我平衡；有冲突，能自我化解；有烦恼，能自我解脱。佛教讲慈悲喜舍，讲无缘大慈，同体大悲。因此，人只有舍弃自己，让自己融入整体。确切地说，人应该学习佛教的包容性、宽容性，能互谅互让，慈悲待人。不能包容，不能自我平衡，就永远无法和谐。包容就是尊重别人，尊重别人就是尊重别人的不同点。宽容就是宽待别人与你的分歧。只有包容、宽容，才是文明，才是礼貌。礼貌与文明就是一个人的道德习惯。我们养成了道德习惯，构建了内心的和谐心态，那么，舍弃自己才不是一句空话，而是依靠自身内在的能量，自我平衡，自我修养，超越自我。只有自我内心创造了和谐，才能实现家庭和谐，继而实现与社会的和谐、与自然的和谐，这才是真正的解脱。

　　我们佛教是理性的宗教。我们宗教徒应该站在人类良知的窗口，责无旁贷地做社会理性的代言人，人类良知的代言人，化解各种短见和愚痴的嗔恨与冲突，拒绝生命关怀的冷漠，走出生命意义的迷茫，抛弃生活方式的腐败，制止行为的邪恶，坚持我们的正信——把遗忘了的东西，失去了的东西找回来，这就是人的心灵的发现，人的心灵的回归，人的心灵的自觉。

一切从心开始。让我们把和谐、幸福回向人类，感恩佛陀，感恩人类，感恩一切众生。

阿弥陀佛!

第十二章 佛陀

佛陀带给人类最珍贵的启示，简短地说就是：人人都有佛性，人人都能觉悟，一切众生皆可成佛。这在人类历史上，第一次揭开了众生平等的生命要义。

◎佛陀的生日

农历四月初八是佛祖世尊释迦牟尼的诞生日。佛陀族姓乔达摩（Gautama，中国古译为瞿昙），名悉达多（Siddhartha），是古印度迦毗罗卫国（Kapilavastu）净饭王的太子。释迦牟尼佛，是后来人们对他的尊称，意为能仁寂默，具足内外诸圣德行。也可简译为释迦族的圣人。

他约生于公元前 565 年（与我国的孔子大约同时代，只比孔子略早十多年，比希腊的苏格拉底早约 100 年），约寂灭于公元前 490—480 年之间，这是按《善见律》众圣点记之说，为分别说系南传的上座部所传。传统的佛教史书中也都沿用此说。但现由世界佛教徒友谊会第三次大会所通过的佛灭纪元，按南印度羯陵伽国（Kalinga）迦罗毗逻（Siri KharaVela Maha-MeghaVahana）王在优昙耶耆利（Udayagiri）之碑文所留年代而推出来，以公元前 543—544 年为佛灭度之年，即以公元前 544 年为佛灭纪元之元年，所以 2006 年为佛历 2550 年。

悉达多太子出生后受着传统的宫廷教育，文武全才，是一位尊贵的王子。但是，看来宫廷与民间社会是隔绝的，是两种不同的生活情境。所以当他有一天出城郊游，先后遇见了老人、病人、死尸，亲眼目睹了衰老、病痛、死亡等悲惨景象，顿感人生无常之苦，又遇一沙门说出家可寻找解脱之理，于是悉达多太子遂萌生舍弃王位出家修道之志。

◎佛陀的证道

29 岁（一说 19 岁）那年，太子终于不听父王的劝阻，在一天夜里，悄悄告别了沉睡中的妻儿，舍弃了他所拥有的豪华生活，跨上马背，出城而去。来到罗摩村，剃除须发，披上袈裟，成为一位沙门，独自踏上了寻找宇宙、人生真理的漫漫长途。

他几乎寻访遍了当时所有著名的婆罗门学者，即使他们学识渊博，道行甚深，或以禅修达到非想非非想处定，但终不能使悉达多心服，因为他们不能解答他关于宇宙人生的许多疑问。很显然，他所寻求的不是哲学上的沉思，也不是形而上学的理论，而是生命的真谛——这才是他所追寻的世间珍宝。从此，他又告别这些"仙人"，独自进入苦行林，希望通过苦行发现真理，这时人们称他为"沙门瞿昙"。如斯雪山苦行六年，仅以马麦充饥，甚至日仅一粒，形体枯瘦如柴，仍未见道。他发觉这并非最好的选择，为了求道，还必须有身体的保证。

于是，放弃苦行，渡过尼连禅河（Nairanjana），沐浴、更衣，接受牧女的乳糜之供，来到伽耶城外一株毕钵罗（Pippala）树下，以吉祥草敷金刚座，东向跏趺而坐，发大弘愿：若不证得无上正觉，宁可粉碎此身，终不起座。于是静心默照，思维出离人间之苦的解脱之道。他最终以奋勇精进的定力、大雄大智的慧力，在树下静坐49日（一说七天七夜），降伏了内外魔障，于十二月初八日之夜，睹东方启明星，豁然开悟。彻悟宇宙人生万事万物皆由缘起，缘起的万事万物毕竟性空（无常、无我），获得了他矢志以求的生命的真谛。

正如《中阿含经》第五十六卷《罗摩经》所言："生知生见，定道品法，生已尽，梵行已立，所作已办，不更受有，知如真。"廓然圆悟，成等正觉，自觉觉他，觉行圆满，所以称为无上的佛陀（Buddha），弟子们尊称他为释迦牟尼（Sakya-muni）。

◎佛陀的启示

佛陀证悟之后，就开始向大众宣说自己所悟得的真理。从最初走向波罗奈城的鹿野苑，向憍陈如等五比丘说四圣谛、八正道，到后来弘化四方。说法四十五年，受教化而皈依的弟子百千万数，上至国王、贵族、官吏、富商，下至平民百姓，甚至乞丐、妓女，各类社会底层的凡俗人等，无不沐受法雨甘露。两千五百多年来，佛陀的教化感悟了无数的善男信女。

佛陀带给人类最珍贵的启示，简短地说就是：人人都有佛性，人人都能觉悟，一切众生皆可成佛。这在人类历史上，第一次揭开了众生平等的生命要义。佛，不是神。成佛也不是成神。佛是梵语，是佛陀耶的简称。译为汉语，是觉悟的人、智慧的人。中国的儒家讲成圣，道家讲成仙，佛家讲成佛，都是一种人生的崇高境界。虽然崇高，却不是高不可攀。悉达多太子就是由人而成佛的。

人人皆可成佛，人人都是自己的主宰。世上没有更高的存在（或冥冥之中有什么操控之神）来主宰自己的命运。命运取决于你自己。也就是说，人是自己的主宰。佛所演说的真理，是人所本有的，他是唤醒我们自身本具的清净本性，佛由自证自悟而得。那里没有天启式的先验的教条，也没有什么救世主。佛教拒绝盲从，拒绝迷信，也拒绝权威。你接受佛陀的教化（后来称为"佛法"），依然要自己通过实践、力行而自证悟。所以佛教从信仰文明上升到亲证文明，这是佛教异于其他宗教的不同处。包括佛陀在内，追求人生的解脱之道，必须通过自身的努力实践，贵在信愿行、闻思修，落脚点在行与修。修是转变观念，转变习气，行是检验与落实。**修是自己的修，行是自己的行，只有自己才能成就自己，自己才能解放自己。**人人皆可成佛，人人都可自己解放自己。佛陀揭开了人的生命之谜，佛陀指明了人类自身解脱之道。

◎佛陀的舍利

2500 多年前，亘古长夜，佛陀给人类带来了光明。所以，佛的生日，是人类智慧的生日，人类觉醒的生日，人类真正实现自我解放的生日。

佛陀住世80年。29岁出家，35岁证道，度化45年，最后，来到拘尸那（Kusinagara）城外的娑罗（Sala）树林，在两棵娑罗树的中间，安置绳床，阿难铺好僧伽梨（衣），枕着右手，侧身而卧，在允许婆罗门学者须跋陀罗晋见，并使之成为最末一个得度的弟子后，佛陀对大众留下了他的遗言："是故比丘，无为放逸，我以不放逸故，身致正觉。无量众善，亦不放逸得。一切万物，无常存者。此是如来末后所说。"佛陀一再嘱咐弟子，以法为师，以戒为师，努力精进，慎勿放逸。佛陀的五蕴之身寂灭了，但他的教化、学说，他留下的珍宝，至今还活在我们亿万人的心中。

佛陀圆寂后，遗体火化，所有舍利（灵骨）为摩揭陀国和释迦族等八国所迎请，分别在各国建塔安奉。到公元三世纪，孔雀王朝的阿育王信奉佛教，并把佛教推向世界，他派宏法沙门到各地传播佛教，他所建窣堵坡（塔）据唐代玄奘所见，即不下500座。后来，也有印度高僧来到中国，带来佛陀真身舍利。现在从陕西法门寺地宫发现的佛指骨舍利，据佛教经典记载，即为古印度摩揭陀国孔雀王朝时阿育王建塔重供释迦牟尼舍利时传入中国的。地宫内《大唐咸通启送岐阳真身志文碑》开端即云："释迦大师示灭一百一十九年，天竺有国君号无忧王（按：即阿育王）分遗形舍利，役鬼工造八万四千塔，阎浮之聚落，有踰一亿舍，即置于宗。都彼岐阳重真寺（按：即今法门寺），乃其一也。"碑文凿凿，足证法门寺佛指舍利即是阿育王时分赠各地之一。

◎供奉佛指舍利的功德

应香港各界人士要求，经有关主管部门的批准，法门寺地宫珍藏的佛指真身舍利于 2004 年 5 月 26 日（佛诞日）以及 20 件国家一级珍贵历史文物，同时来港供奉与展出，这是香港佛教界的一大盛事，也是关乎香港人民福祉的一大盛事。以觉光长老为领袖的香港佛教联合会主持这一历史性盛会，又获香港《大公报》《凤凰卫视》两大新闻媒体的鼎力相助，香港会展中心亦以供奉佛骨舍利成为万众瞩目的灵山圣地。

释迦牟尼住世时的人体离开世间已经两千五百多年了。他留在人间的真身佛指舍利仅此一枚，在上世纪八十年代的法门寺地宫被发现后，轰动了海内外。我们如果亲往陕西法门寺，也未必能够亲入地宫，朝拜此一圣物。今天恭请来港供奉，有缘瞻礼，这是中央对香港人民的巨大关怀，也是我们的福德因缘，千载难逢，一生唯一。世界上还有什么能让我们感到深刻的震撼呢？我想到康德的一句名言：“这个世界唯有两样东西能让我感到深深的震撼，一是我们头顶上灿烂的星空，一是我们内心崇高的道德原则。”佛具三德（法身德、般若德、解脱德），是三界导师、四生慈父、人天教主，我们人生的指引者、启蒙者。把康德所说的“头顶上灿烂星空”和“内心里崇高道德”结合起来的正是佛陀。佛指真身舍利莅临香港，亲瞻舍利，亦如亲见佛陀，感受佛恩，沐照佛光，体悟佛智，接种佛因，功德何可计量？

佛教是世界性宗教，佛教文化是世界文化的一颗璀璨明珠。佛教在中国绵延发展两千多年来的存在价值，就在于它能够产生净化人心的伟力和拒恶向善的劝世救世功能。晋代慧远大师说得好："五戒十善，风化遍宇内，则端拱而治矣。"就连宋代那位并不信佛的司马光也写下了赞叹佛心的六偈。其中之五云："道义修一身，功德被百物。为贤为大圣，是名佛菩萨。"其原因就在于佛指引人们依靠自身的能量，自我平衡，自我修养，诸恶莫作，众善奉行，自净其意，自己解脱。天台止观法门，华严一真法界，净土念佛三昧，禅宗顿悟心法，唯识转识成智，理虽殊途，旨归则一。皈依佛陀，信仰三宝，是人的自我完善，人可以超越自己，人成即佛。佛成，就是智慧，就是大觉，就是活泼泼的自在，就是人的彻底解放。

这两年香港的社会氛围，上落很大，变化多多，各种利益的矛盾，演成心债重重，无处偿还。从个体到人群，从家庭到社会，不如意事，越演越烈，付出的代价，越来越昂贵。一个人心浮气躁，必然既无远见亦无短见，只有埋怨数落，穷凶恶斗；没有谁输谁赢，只有两败俱伤；归根究底，天堂地狱，皆在自心。管不住自己的心，什么错事、丑事、坏事，都能做出来。再不要制造现代文明的悲剧了。突围无快捷方式，只有转变自心，安顿自心，管好自心。把心安好，必然化解戾气，消除业障。如果心无可依，乱了方寸，荒了精神家园，成为陷入命运泥淖的挣扎者。佛的教导告诉我们：命运本不在人的生命之外，人同命运的矛盾、争斗实际上还是人自身内在的矛盾和争斗。人的最大健康是心灵健康，人的最强免疫力是心理的免疫力，人的最高智慧是学会放下，懂得放下，主动放下。"放下屠刀，立地成佛。"

　　佛指舍利来港供奉，使我们有了亲近佛陀、理解佛陀、学习佛陀、沐佛恩光的胜缘。佛陀的慈悲，三宝的加持，必将带领我们走出迷思，走向恬静、和谐。人心安定，社会稳定，必然百业繁荣，兴旺发达。庆祝佛诞，参加浴佛盛会，瞻礼佛陀舍利，就是洗涤自心，宁静自心，去除染污，增强免疫力，增大凝聚力，提升自控力。人能调控自心，平衡自心，理性地生活，这不是社会祥和的保证么!

第十三章　般若

般若干什么的？般若就是对治烦恼的。般若就是帮助我们消除业障的。般若就是指引我们走出迷误的。

◎什么是般若？

佛陀的言教、佛陀留给我们的人格垂范、佛门的法宝，一句话：佛法大海，无处不是智慧。

什么是智慧？智慧和聪明的区分在哪里？由此生发开去，必然要提出佛教的智慧是什么？《辞源》在解释"智慧"这一词目时，直截了当地说：佛教指破除迷惑、证实真理的识力，梵语般若之意译，有彻悟意。这是直接以般若来解释智慧的。《辞海》中解释"般若"（梵语prajna）一词时，说：智慧之意，佛教用以指如实了解一切事物的智慧。为表示它和一般智慧不同，故用音译。这是指出般若即是智慧，而用音译的"般若"，是为了与一般智慧相区别。可见，我们的工具书中也都提到：佛教智慧的核心即是般若。

据铃木大拙先生说："般若，在英文中，甚至在整个欧洲语文中，没有一个字和此字相当。因为欧洲人没有完全相等于般若的经验。"在中文里，或汉语里，有一个词和它近似，这就是"智慧"。般若，是梵语 prajna 的音译，有时也译作"班若、波若、钵若、般罗若、钵剌若、波赖若"等。完整地说，般若的全称是"般若波罗蜜多"（鸠摩罗什译为"般若波罗蜜"，玄奘大师译为"般若波罗蜜多"，虽多一字，实为新译）。《大智度论》卷四十三中云："般若者，秦言智慧。一切诸智慧，最为第一，无上无比无等，更无胜者。"可见这不是一般的智慧，而是体悟佛陀真理的一种特殊的智慧，所以又译作"妙智慧""无上智慧"或中梵结合为"般若智慧""般若胜智"等。话说到这里，要我对"般若"下一条定义，的确很难。"诸佛妙理，非关文字"。佛教，已从信仰文明上升到了亲证文明，必须靠自己的体悟，即自证自悟、亲证亲悟而得，任何言说玄谈，只怕越说越远。我在讲课、写文章、回答提问时，的确常怀惴惴。

《大智度论》卷八十四中云："般若名慧，波罗蜜名到彼岸。"这是明确的解释：一为智慧，一为到达彼岸。合起来即是渡到彼岸的智慧。能到达解脱的彼岸，这当然是人生的最高智慧了。这一智慧，是释迦世尊当初在菩提树下禅定 49 日，豁然开悟，圆证无上正等正觉而得。证悟之时，他慨然叹道："奇哉，一切众生皆具如来智慧德相，只因妄想执着，不能证得。"可见，如来智慧，人人本有，人人皆具。经过诸天恳切劝请，释迦世尊放弃了不住俗世、不说妙法、不打算传教的初衷，才向鹿野苑走去，对其后的弟子们演说四圣谛、八正道。他讲的是中道：不要纵欲，也不要苦行，这两者都是偏执，不利于悟道修证。要行中道，只有凭健康的身体，清醒的心灵，正确的知见，明确的方向，才能产生智慧。

　　据《因果经》《大智度论》等记载，佛陀最初是为舍利弗讲解"般若波罗蜜多"甚深妙法的。舍利弗皈依释迦世尊之前原本是六师外道之一的删阇那的弟子，信奉怀疑论，始终未找到解脱法门。有一天在王舍城遇到佛陀的弟子、五比丘之一的阿说示（Assaji，又译马胜比丘），舍利弗为他庄重的威仪、高雅的气质所吸引，主动上前问道："请问你是谁的弟子？令师是怎样的人呢？"阿说示说："我的老师是佛陀，他教我因缘之法，使我开悟，我才这么自在。"阿说示随口说出一偈："诸法因缘生，缘谢法还灭。吾师大沙门，常作如是说。"又讲出"诸行无常，是生灭法。生灭灭已，寂灭为乐。"舍利弗听后，如山崩地裂，又如醍醐灌顶，往日怀疑一扫而空，即时得到体悟。他马上带了目犍连及其两百名弟子前来追寻佛陀。佛陀见他们来了，指着舍利弗对他身边的弟子们说："这位是舍利弗，是我弟子中智慧第一。"

　　舍利弗的智慧，是舍利弗自己亲证亲悟的结果。你要对佛家的智慧下一个定义，确非容易。有一次，一个外道问世尊："您昨天讲什么法？"世尊说："讲定法。"外道又问："今天讲什么法？"世尊说："讲不定法。"外道怀疑地问："昨天说定法，今天为何又说不定法呢？"世尊说："昨天定，今天不定。"一下子把全部外道破个干干净净——说定法，破掉了怀疑论，散漫无序；说不定法，破掉了条条框框，执着系缚。什么是般若？我想上面两则佛陀故事，就是最形象的解释。

◎般若学在中国的弘传

般若思想传入我国有十分悠久的历史。早在东汉晚期，大月氏僧支娄迦谶和来自印度的竺佛朔合作，在汉灵帝光和、中平年间（178—189）译出《道行般若经》十卷，这是《小品般若》的最早流传。尽管他的译文"贵尚实中，不存文饰"，有晦涩难懂之处，但他毕竟第一个把般若思想介绍进来了。至三国时，支谦又改译为《大明度无极经》十卷。其后，竺叔兰译《放光般若经》，竺法护又译《光赞般若经》。自汉末到南北朝四百年间，般若学风行社会，与当时中国的魏晋玄学相互渗融，相互助长，风靡一时，并使上层社会、广大知识界对般若特别青睐。东晋之际，名僧辈出，个个精通般若。其中，支道林（314—366）即名僧支遁，几乎成了当时知识界的核心人物，《世说新语》中有大量关于他的故事。当时的哲学、文学、思想理论权威，主要移向了僧侣，就因为般若能出"新义"，能启发人新的思路。以至于在佛门演化出"格义"之学和"六家七宗"的生动局面。历史在前进，印度的大乘佛教进一步传入，佛经翻译到了鸠摩罗什时代，般若学才真正在中国得到了空前的传播。鸠摩罗什（344—413）不仅重译了小品般若，又再译大品般若（即《摩诃般若波罗蜜经》四十卷），而且，他把龙树、提婆的般若中观之学传入中国，翻译了著名的《中论》《十二门论》《百论》和《大智度论》（亦称《摩诃般若释论》）等"四论"。这不仅从根本上澄清了人们对般若性空之学的种种误解，而且把般若学从与玄学的混淆比附中解脱出来，确立了正确的、清晰的以中道思想为核心的般若性空学说，这在中国佛教发展史上是具有划时代意义的。因而，鸠摩罗什在佛教译经事业上的贡献，以及他的著名弟子僧肇在其《不真空论》中对般若思想的深刻阐述，都对般若思想起到了正本清源的作用。可以说，佛教般若学在佛教传入中国的早期，就给佛教在中国的土壤中植根、发芽、生长发展，提供了坚实的思想基础。

般若的中心思想是缘起性空。我想，介绍般若的主要内容，首先要介绍支持这个中心思想的理论基础，就是佛教所独有的"缘起论"。

（一）缘起论

人，是怎么产生的？宇宙，是怎么产生的？世间的一切，万事万物，是怎么产生的？佛教回答说：缘起。由缘而起，由缘而生。缘为何物？缘就是条件和条件之间的相互关系。缘又包括"因"与"缘"。因是内缘，即任何事物、任何现象的内部规律。缘是外缘，即任何事物、任何现象的外部条件。比如种子种下去，种子是因（内缘），土壤、水分、阳光、空间是缘（外缘、条件），有此内缘外缘，它才能生根、发芽、生长。所以佛家的缘起论，包括了内缘起与外缘起。我们认识客观世界，事实上离不开人的自身的作用和感觉。这就有了两类不同的因缘关系。一是客观的、物质的。例如琴，要有木、有柱、有弦；箫，要有竹；鼓，要有皮、鼓身；画壁画，要有墙、有彩色、有笔。二是主观的、精神的。声音，要有听者，要有耳、耳的功能和耳识。形象，要有视者，要有目、视的功能，还有光和眼识。若视，若听，都必须是上述两者的结合。上述两者的存在，就是条件，两者的结合就是关系。而这两者，既不是并列的，也不是等同的，不存在谁主谁次，谁是第一性谁是第二性的，而是它们之间的结合，即"因缘会合"。这是缺一不可的关系。没有竹，不能成其为箫。没有吹奏者，不可能发出箫的乐声。没有听的人，也无从表现为箫音之美之悲切。总之，作为箫音的产生或箫音这一现象的存在，不是某一个单一因素决定的，也不是有其"造作者"的。因为某一单一因素，都不含有箫音的成分。只有"因缘相聚""众缘和合"，才能产生箫音。这就是佛家的缘起论。

可见，般若思想中的缘起论，是尊重客观事物的，是主张任何事物的产生，都是由普遍联系和多重因素相统一的结果。缘起论告诉我们：事物既不是孤立的、独自的存在（无独存性），也没有谁是"自作者"（无自性无主宰），所以佛家并不承认有什么"造物主"，也不承认有什么祸福命运的主宰。当然，事物既不会孤立存在，也不会独自运动，那么，世界上就不存在不受因果联系和条件制约的永恒不变的实体（无恒常性）。所以，佛说"此有故彼有，此生故彼生，此无故彼无，此灭故彼灭。"龙树菩萨也说"未曾有一法，不从因缘生"。一切法（即一切事物）皆由因缘和合而生，因缘离散即灭。大至宇宙星辰山河大地，小至细胞原子分子，无不是缘生缘灭，缘起缘散。

（二）性空论

性空论，是从缘起论提炼出来的。没有缘起论，也就没有性空论。要用一句话来解释这个"空"字，确实不容易。性空论是浩如烟海的佛学理论的根本基石之一，也是大乘佛教的思想核心。

空，是梵文Sunya（舜若）的意译。古代有多种意译，有译为"无"，译为"幻"的，鸠摩罗什译为"空"，我很佩服，这个"空"译得真好。

"空"的本身就是智慧。

由于"空"不好解，不知者也就最易引起误解。方立天教授曾经归纳了世俗中有四种误解：一，认为空就是虚无，什么也没有，一切都不存在。二，认为空就是消极悲观，厌世避世，一片死寂。三，认为佛教讲六道轮回、三世因果，既然空了，主体空，我也空，那么载体是什么呢？主体为谁？谁享受涅槃境界呢？四，认为既然讲空，无实体、无自性、无主宰、无我，那么还要什么个人幸福、社会理想、前途事业、人生追求？这不是跟社会相抵触吗？非也。

空不是一无所有。空有不离，空有不二，空有一体。《心经》中说"色即是空，空即是色"，不能离有说空。

空不是无，也不是数学中的零。佛教始终批判为无为零的空，称之为"顽空""恶趣空"。说空就是无，是不了解佛教的人说的。

空的实质是"无我"，即非自有（无自主性）、非独有（无独存性）、非恒有（无恒常性），这三点在上面的缘起论中已说到了，所以"空"是缘起的内核，即一切事物、一切现象的本质属性，故曰"空性"或"性空"。

从缘起缘散、缘生缘灭可知一切事物的存在，是无自主、无独存、无恒有的存在，也就是不断地发展变化（新陈代谢、生老病死、成住坏空、生住异灭）的存在，因而是幻化的、不真实的存在。但是，不真实的存在之中，仍然有事物（有存在），这是"有"。但这个"有"是不真实的（非自有、非独有、非恒有），是假有。其显为有，其性为空。所以这是形而上的存在论的真谛。这是空的真理性。

由此可知，般若讲的是真理不能停留在现象上取得。因为现象的本

质是空。真理也不能离开现象去取得，因为性空正是通过现象的不真
实性而体现。真理也不能通过对具体假象的"性空"来表现，因为性
空不仅表现在特定的假象上。但真理也不能离开具体假象的"性空"
来表现，因为真理正是存在于具体假象的"性空"之中。这就是般若学，
就是佛家的一种认识世界的思维方式。于是，般若性空，又会常用下列
表达方式：

> 无住（思维不住于名言，即不停留在名相概念上）
>
> 无得（思维对象的"自性"无所得，即无自主、无独存、无恒有）
>
> 无相（思维不要执着于事相、假相、现象）
>
> 无生（思维现象即生即灭，无生无灭，不生不灭）

现象为有，本质为空。人生一切，宇宙万有，皆由缘起，缘起为有。
缘生缘灭，缘起缘散，所以其性本空。从人来说，叫"无我"；从宇宙来说，
叫"悟空"。这既是佛教的认识论，也是佛教的方法论。

（三）以般若智慧解决一切社会问题

"沤和俱舍罗"是梵语，意释为"方便胜智"。也称权巧方便，或
方便善巧。简称"沤和"，因此，也就简译为方便，或"权"。其含义，
是指运用般若智慧（即上述缘起性空的认识论、方法论）去对待、处理、
解决一切人生现实问题，去适应、随顺、化导、沟通一切社会关系，当
然也包括因时因地因人、应机契理的弘传佛法，广度众生。因此，沤和
俱舍罗，是沟通世间和出世间的一座桥、一根纽带、一种介质。般若与
沤和，二者不可分割。般若是成佛之母，沤和是般若的具体运用。般若

与沤和的形象化说法，就是"马列主义灵活运用"。没有般若，"沤和"就失去了灵魂，失去了方向；而没有"沤和"，般若就无法实践，不能深入人间。

佛教既是理性的宗教，又是实践的宗教。信、修、行三者，信是前提，是基础，佛法大海，惟信能入。修是转变观念，接受真理，由迷入悟，真修实修。行是实践，力行不懈，躬行不辍，不达目的，誓不中止。尽管我们有虔诚的信仰，有对般若的坚信和理解，如果不以般若思想指导自己的修习，落实于自己的行为之中，那么，恐怕只能是一个教条主义或本本主义者，口惠而实不至。要修习，要实践，要化般若为弘法度生的舟楫津梁，那就不可能不运用沤和俱舍罗。因为，没有般若的善巧方便，就不可能走上大乘所指引的济世利人、弘化度生的道路，也就不可能以出世精神去做入世的事业，因此就不可能达到践行般若的目的。是否懂得运用或具备般若方便，也就成为大乘区别于小乘的一个重用标志了。

沤和不能离开般若，般若是方向，是核心。般若也不能离开沤和，有沤和才有般若的运用和体现。我们今天提倡人间佛教，强调佛学的生活化，重视人间，重视人生，重视人类自身，就更要尊重和善用沤和般若了。

◎般若思想的现代意义

多年前，我在上海静安寺居住时，有一天，正在上海某大学读研究生的一位弟子走进我的书房，说："师父，这几天我的烦恼太多了。"当时我正忙，顾不上招呼他，只脱口而出："你烦恼太多，说明你没有智慧。你烦恼太多，说明你有业障。"想不到他大吃一惊，连忙告辞，边走边说："师父，够了，够了。"合十作礼而去。

般若干什么的？般若就是对治烦恼的。般若就是帮助我们消除业障的。般若就是指引我们走出迷误的。

我们总习惯在"国家、社会、历史"这三个维度中思考问题，而缺少、忽视了另外三个维度的思考：即人自身的本体维度的思考（人为什么活着？人生存的意义是什么？人应当怎样活着？）、本然维度的思考（人与自然的关系，即人与生存环境的关系，人的内宇宙与外宇宙的关系，两者关系的本质是什么？）、本真维度的思考（即超越现象世界、超越经验世界、破除迷误虚妄、对真如世界的体证）。人类一天不认真解决这三个维度的思考，一天就不能摆脱生命的迷惘、精神的恐惧、生活的困扰，一句话，就是不能安身立命，心无宁日，身无清净之时。

我们现在有了一个新词，叫"现代都市病"。又有一个新词，叫"亚健康"。名曰"都市病"，难道这病农村就没有？名曰"亚健康"，难道"亚健康"之外就没有隐伏着更可怕的不健康？我常听到的一句话是"活着真累！"我做讲座时，常遇到的一个提问就是"怎样面对压力"。

人因压力而累。人又因累而无力抵抗压力。这累，这压力，就成了某些现代人忧虑、恐惧、不安、烦躁、失落、空虚、迷茫、无助而陷入紧张、冲突、矛盾与危机之中的一个形象概括。释迦牟尼曾说：有病需用药，无病不须医。这累，就是病。这压力，本来可以变成动力，现在压力吃不消了，成了阻力，成了压垮身心的杀伤力，这也是病。什么是

"病"？一切阻碍、阻滞、业障都是病。病根在哪里？病根病源都在自心。

般若智慧的基础是缘起。缘起就是关系论，条件论。事情成功，靠的条件具备，关系良好，你应感恩。事情不成功，是条件不具备，关系未具足，何须烦躁？如果失去了条件，没有了关系，一切都不存在了（就是缘灭）。那些情迷情痴，不懂得这个缘起的真理，关系变了，原来的条件不再存在了，你还妄执干什么？"法不孤起，仗境方生；道不虚行，遇缘即应"，这是佛教的缘起论。"人的本质是一切社会关系和一切自然关系的总和"，这就是缘起论，是缘起的真理性。

般若智慧的核心是性空。缘起只是现象，因而名是假名，有是假有，如梦幻泡影，如露亦如电，虚妄不实，本质为空。有些夫妻，过了一辈子，恐怕还没有真正爱过对方，五十年如一日，他们不是用爱维系的，是用道德、用责任和义务来维持了一辈子。一辈子是现象，爱不爱只有本人自己知道。这也是不真实的，这就是空。佛家讲真俗二谛。空是真谛，不空是俗谛。两者并不矛盾。二谛可以圆融。龙树菩萨提炼出"八不中道"来，把性空的认识论又深化了。"不生不灭，不一不异，不常不断，不来不去。"万事万物皆由因缘而生，没有自性、自体，不自生，不自主，所以不生。但这不否认现象为有，所以在现象，不灭。任何事物的本体（本性）只有一个（空），所以不异。但其表现形态各不相同，所以不一。任何事物都在发展变化的运动状态，变无止息，不能恒久，所以不常。变化永不中断，也永不间断，前后相续（这又是常），所以不断。因缘聚合，都是暂时的，有条件的。我们的遭遇现前，都是现前聚合而成，不是古代留到了今天，所以不来。今天也不会回到古代，所以不去。这个"八不中道"把"空"说透了。这在人类思想发展史上，对本质与现象、一般和个别、普遍性和特殊性，可说是最本质、最透彻的揭示。从彼此依存的关系来看（缘起就是关系），就要懂得珍惜关系，重视关系，维护关系，尤其维护人与人之间的那种微妙性，而不要破坏关系。保护关系，就是创造条件。所以佛教徒叫广结善缘。未成佛道，先结人缘。小到一个家庭，你要维护家庭关系；大到一个集团、一个单位、一个国家，你都要维护上下、左右的领导关系、同事关系、社区关系。

佛教提倡的五戒十善，就是调整一切关系，解决一切关系的最佳原则，最上规范。既然事物处于运动发展变化之中，人生就是一个过程。要珍惜每一个过程，提得起，放得下，讲求生命状态，生存质量，不要自我萎缩（自轻自贱），也不要自我膨胀（自狂自逸），不要沉浸于过去的痛苦（过去已经过去），也不要忧虑于明天的死亡（未来还没来），活在当下，当下就要耐心面对。

第十四章　戒与律

戒，就是有所为，有所不为。有所为——该做的一定要做到。有所不为——不该做的坚决不去做。

律，就是规范化、标准化。

◎偏见和误区

一群年轻人不了解佛教，到了佛教的"门口"，不会进去，也不想进去，匆匆地、饥肠辘辘地走过去了。佛家讲"缘"。"诸法因缘生，缘谢法还灭"，这是佛教对事物之所以产生的解释。一切由缘而生，一切由缘而起。没有缘，事物不可能产生、也不可能存在。这几位年轻人还没有具备了解佛教的缘，也没有接受这位慈心师太的善意的缘，所以，双方都失去了一次法缘。年轻人没有错，他不了解佛教，不了解小庵里那位师太的供养之心。

在生活中，我们的偏见和误区，是很多的。佛教讲"中道"，就是为了纠正我们的偏见。佛教讲"智慧"，就是为了帮助我们走出迷惑，走出误区。佛教文化，佛学思想，是一笔巨大的精神财富——取之不尽，用之不竭。它被收藏在一间屋子里，不打开门，不进去，不仔细看一看，不阅读，不了知，也就无法获取这笔"财富"了。我是一个佛教徒，我感到很惭愧，我自身做得很不够，我没有帮助别人来厘清对佛教的偏见与认识上的误区，这正是我的责任啊！

◎学习和传播

有人问，对待佛教，我们为什么又不能把其当作一种文化来虔诚地学习和传播呢？其实学习佛教文化，传播佛教文化的责任，不在别人，首先在我们出家人啊。出家人，又称"僧"。在"佛法僧"三宝中称"僧宝"，"僧宝"是"住持三宝"之一。它的住世，核心就在"本分"与"应世"。一个"本分"，一个"应世"，这是僧的要义，僧的天职。"身为佛子，当行佛事"，这是僧的本分。学习佛法，传播佛法，这就是僧应该去做的"应世"了。"佛法无人说，虽智莫能解"。可见，学习和传播的重要性。我们有幸身逢盛世，国家和政府都很重视佛教、关心佛教，为我们提供了学习和传播佛教文化的大好契机。问题是我们自身的努力与践行远远不够。不过，这正是对我们的督促和鞭策啊！

◎戒律的曲解

有人说，人们对佛教的戒律理解也存在一些曲解。我们有一个流传已久的词，叫"清规戒律"，有一段时间，在某种历史语境中，它是被作为"打"的对象，要求打破，或者破除、去除的。"清规戒律"这个词，正是从佛教中来的。佛陀住世时，就制定了僧团的"戒律"。佛法僧三宝中的"法宝"，最集中的体现就是"三藏"，三藏中的"律藏"正是极其重要的经典性、根本性的一个部分。中国佛教的一代祖师江西百丈山大智（怀海）禅师制定了禅门规矩，称"百丈清规"。从此，"清规戒律"，就成为我们的日常用语了。

我们出家二众，男众叫"比丘"，女众叫"比丘尼"。受具足戒，比丘戒为250条，比丘尼具足戒为500条，亦称500戒（亦说348条戒）。有人问我，为什么比丘尼戒要比比丘戒多近一倍呢？是不是"歧视女众"呀！不，不是。是因为女众更需要保护啊。我认为，戒，就是保护自己。保护自己，就是不伤害自己，也不伤害别人。那么，这也就是保护别人了。所以，我说，利人利己，爱人爱己，这就是戒。戒有什么可怕呢？对于自觉持戒、守戒的人来说，就没有什么"戒"，对于不持戒、不守戒，而又容易犯戒的人来说，那才有了戒。

我在讲课时，我对戒律的另一种解释是：

戒，就是有所为，有所不为。有所为——该做的一定要做到。有所

不为——不该做的坚决不去做。

律，就是规范化、标准化。

这不是我们出家人的本分、应有之义吗？戒，不是束缚，不是苛求，把戒视为束缚、视为畏途的人，那真是一种误解，一种失误了。对学佛者而言，戒是三学"戒定慧"的基础。戒能生定，定能发慧。保持清净戒体，正是为了一心不乱、一尘不染，进入"出离、解脱、自在"的定的境界，从而长养法身慧命，这是成就福慧的必要前提啊。福须自种、自植、自培、自修。戒不能持，无福可言，福薄、福浅、福消，责在自己，不在别人。尤其，开发智慧，得大智慧，成佛智慧，除了由戒生定，无路可通啊。

对于僧团而言，戒律就是我们的命根子了。戒对个人，是为了防恶止非。对于僧团，佛教整体，是为了防止腐败，蜕化变质，维护僧团的清净庄严。戒在，僧在，佛法僧三宝具足，才能称为佛教。佛陀住世时，以法为师，佛涅槃之时，告诫我们，他灭度后，以戒为师。

有戒，僧团纯洁、团结、清净、精进。失去了戒，僧团也就必然要腐败、瓦解、法运不昌了。

话说回来，戒的本质，是一种行为，一种习惯。持戒守戒的行为、习惯，实际上是人的品行、人的品格。在今天，就叫道德的习惯，文明的习惯，维护人格尊严的习惯；在古代叫"礼"的习惯；在佛教，就叫"戒"的习惯，如法如律的习惯。佛教的"五戒"，是根本戒，就今天来说，它实际上是我们做人的一条道德底线啊。我们能自觉守戒、持戒，这不就是一种自己管好自己的自律精神吗？

我们能做到这基本的五戒，那正是对自己的尊重，对他人的尊重，对一切众生的不犯。诚能如是，则人际和谐，家庭和谐，团体和谐，社会和谐、世界和谐，也就不难实现了。

◎对待荤素

对荤腥的禁止，保持素食，这是中国佛教从梁武帝时开始的规定。佛陀住世时，僧团乞食，随方供养，有所谓"三净肉"或"五净肉"，还是可以吃的。只有我们汉传佛教，自梁武帝下令以后，就成为出家人的一个传统了。对于在家众，并没有这个规定。而这个传统，对健康而言，是很好的，而且素食，今天也日益成为世界性的时代潮流了。我个人认为，长期吃素，有三个好处：（一）肚子饿得快，这说明消化好，吸收好，有利于肠胃健康。（二）性格温顺，火气不大（即使动物界，也是如此，食草的牛羊与食肉的狼虎，区别就太大了）。（三）由食而引起的、吸收的毒素少，体味也不那么浓烈。这三个好处，我想对任何人的健康来说都是需要的。当然，在家学佛者，并没有严格的规定，随您本人意愿。茹素是长养慈悲心，三皈五戒，是本分。如果为了照顾家人，大家都吃一点荤，也没有什么不可以啊。我想，这不会成为一个问题的。

◎ "敬而远之"

对于佛教"并没有那么广泛的被接受","人们选择的更多是敬而远之"。何止对于佛教,千百年来,"敬而远之"这个糊涂观念,几乎害了我们的祖祖辈辈,误会不除,今后也许还会贻害下去。

"敬而远之"这个成语,出自孔子"敬鬼神而远之"的一句名言。这句名言被误读、误解了两千多年,"敬而远之"的糊涂观念,也误传了两千多年。孔子讲"敬鬼神而远之"的真实义,不是消极、逃避、负面的。不,绝不。问题是,我们对"远"字的解释,错了。《还吾老子》一书作者、上海作家沈善增先生对此有深刻的研究。他通过深入的学术考证,在"敬鬼神而远之"这句名言中,远,不作疏远、远离,远去解。正确的解释是"致远",是"到达",是扩展,是积极的推进、推广到更远、更多、更广大的地方。他的解释太好了,他的解释澄清了两千多年来我们认知上的迷雾。理解这句话,要照顾到上下文,即从全文来理解。全文是:

> 樊迟问知。子曰:务民之义,敬鬼神而远之,可谓知矣。

首先,樊迟问知。这个"知",在当时,不是指知识,是指"智",这也不是一般的智慧之智,而是指做官的智慧(今天的话语,叫"政治智慧")。老师当然了解学生，所以回答"务民之义"。这是全文的前提，要旨。可见，他是回答务民的"知"，即务民的智慧，务民的要义。务，是专务，即专心致志、一心一意去服务。用今天的话语，就是为人民服务。"务民之义"，就是务民以义，就是以义务民，就是以义来为民服务。怎样才算"务民之义"呢？孔子说：敬鬼神而远之。这就是告诉樊迟，最聪明的方法，就是以敬事鬼神的态度，以敬事鬼神的虔诚、忠诚、恭敬心，推广到社会生活的各个方面去，比如：对父母孝，要敬；对上忠，要敬；对朋友义，要敬；对待一切事，要敬；对待一切礼节礼仪，要敬……当然，你要求人民要敬，你自己对人民同样也要敬，这都是"远"的含义啊！能做到这一点，就算有为官的智慧、务民的智慧了。

可见，"敬而远之"的真正含义，是强调"敬"，强调真诚和礼敬，把这种敬的精神，这种礼的文明，推广到我们的生活中，心灵中去。我的朋友沈善增先生的这一研究，多么精彩、多么符合孔子当时一贯维护礼乐的主流意识啊。

正本清源。我们还能用"敬而远之"的误解，来对鬼神阳奉阴违吗？

第十五章　同愿同行　行愿无尽

> 佛说无缘大慈，同体大悲。这是对一切众生的和谐之道。和谐，才是人生的境界。
> 这样的境界，能离开行与愿吗？有行、有愿，才有和谐。

2000 年，我随恩师茗山老和尚到深圳弘法寺讲《普贤十大行愿》。我协助恩师整理讲稿，恩师指点我，必须先介绍普贤菩萨十大行愿的来龙去脉。原来，《普贤十大行愿》出于《大方广佛华严经》（八十华严）中"七处九会三十九品"的最后一品，原名《入法界品》。这也正是后来在唐德宗贞元十一年（795 年）才开始翻译的"四十华严"的全文，全名应为《大方广佛华严经入不思议解脱境界普贤行愿品》。这个"入不思议解脱境界"，才是普贤十大行愿的点睛之笔、归根结穴之处。我回忆这段往事，可以总结出三点：一、愿，是愿心、愿景、愿望。佛教中也称为悲愿、弘愿、誓愿。行，是行为、做到、实践、践行。佛教中也称为修行，行持、奉行。这个愿行，是把誓愿落实于践行的全过程中。二、愿行的全过程，就是入清净法界的全过程，即入佛境界的始末。三、愿行不是目的，目的是入佛境界，即达于清净法界。无愿行，不能到达，能到达，靠的是愿行。愿行的点睛之笔是入法界，结穴之处是成就如来功德，获得清净解脱。出离与解脱，才是生命的终极目的。

共建和谐社会、和谐世界，这是入法界的必经之途，也是入法界的第一步。从太虚大师于 20 世纪 30 年代提出"人生佛教"到 80 年代，赵朴初居士积极弘扬人间佛教，再到今天我们迫切需要倡导的济时佛教，都是为了体现与躬行佛陀慈悲济世，救度众生的本怀。上海作家、著名国学研究专家沈善增先生曾在 2010 年上海纪念赵朴初大德逝世十周年研讨会的发言中指出：从人间佛教看和谐社会，有三个理念与实践的支撑点：同体大悲，无住布施，方便说法。他的这一高度概括，我想正是济时佛教与建设和谐社会，和谐世界应机契机之论。佛教济世的"世"与济时佛教的"时"，就是当下奢世、危世与人心思安、人心思和的转折关头。

请看看我们今天的社会生态：

富人结婚，把 100 元面值的人民币铺在地上，成为红色地毯，任人践踏而过。这是什么礼仪，什么继承，什么品味？他是表现一种文化，一种价值呢，还是表现自己的道德质量？这是他个人的悲哀，还是我们教育的失误？富了，的确富了，但是富而不贵，富而丑陋，富而无品，于是炫富与仇富。不知德，不顾德，不存德，不讲德，德的缺失，早无继承，只有挥霍，我们要把怎样的未来，交给下一代？

贪腐（corruption），从西方到东方，这在全世界而言，几乎是任何肤色，任何地区都未幸免的常态，无须讳言，我们也染上了这种痼疾。从贫困中走来的我们，成立了反贪局、廉政署，为什么一个健康的肌体，失去了免疫力？

艺术，从来都是社会上层建筑中最敏感、最激励人心的部分，或者说，最能反映精神追求的部分。但有所谓的国际大导演投资几十亿，以"色情＋暴力"冒充艺术，自以为得意，去问鼎奥斯卡，却出乖露丑，被讥为"不伦不类"，贻笑大方，这样的美丑颠倒，你是否会感到胸闷、气结？

我们的最大盲点是，人到底为什么活在世间？人生的意义到底是什么？人为什么要关怀别人，关怀大众，要以天下国家民族为己任？我们今天最普遍的迷茫是，为什么有错不能认错，也不肯认错？要找责任，责任都在别人那里。一切颠倒、混乱、失序，皆由此而来。

我们今天处在一个价值多元的时代。什么是真正的价值？什么是人生最大的价值？什么是人生的精神境界？路怎么走？你走向何处去？这是每一个人都不能不弄清楚的啊！

赵州从谂禅师"吃茶去"，是我国禅宗史中最著名的一则公案。

据《广群芳谱·茶谱》引《指月录》记载：

有僧到赵州，从谂禅师问："新近曾到此间吗？"

曰："曾到。"

师曰："吃茶去。"

又问僧，僧曰："不曾到。"

师曰："吃茶去。"

后院主问曰："为什么曾到也云'吃茶去'，不曾到也云'吃茶去'？"

师召院主，主应诺，师曰："吃茶去！"

这则公案故事的生动，在院主听见后，疑惑不解，他问赵州：为什么曾到这里的要吃茶去，不曾到这里的也吃茶去？赵州立即叫院主，院主应声恭听，赵州说：你也吃茶去！这就是赵州禅师"吃茶去"这则公案的缘起。我的体会是：

第一位僧人，这里来过。来过了，不等于到达了那个境界，吃茶去（你要到达那个境界去）。

第二位僧人，这里没来过。既然没来过，更要到达那个境界去——吃茶去。

第三位院主，提出问为什么，说明你不懂，你也更要到达那个境界去——吃茶去。

到达人生的境界，这才是人生的最高价值。吃茶去，是增值，自我增值，就是提升自己的境界。和谐世界，同愿同行，就是走向和谐、和合的人生境界。和谐，是一个宏大的主题，它包括了人与自然的和谐，人与社会的和谐，人与自心自身的和谐。亦即人与客观世界（外宇宙）人与主观世界（内宇宙）的和谐，这才是人生的崇高境界。这样的宏大主题，我们能不探讨、不认知、不同愿同行吗？

台湾著名导演赖声川做了一出戏《水中之书》。戏中，女主人公教授快乐学。地点是在香港中环，共五堂课。学费为港币 8000 元。课程：教别人怎样快乐。报名的人还真不少。她忙得不亦乐乎。但她私下对别人说：她讲的那些东西，其实她都不懂，而她自己生活得也不快乐。她这样做，只是她的职业。

阿弥陀佛，主人公现身说法，真精彩。值得我们思考的太多太多。教我们这个"招"、那个"术"的如同戏中女主人公那样的人，在生活中还少吗？你真能从她的"快乐学"中学到快乐吗？

赖声川是有思想的。他教给你四点：

一、了解自己，才会快乐。

——你了解自己吗？怎样才能了解自己、认知自己？只有佛学会告诉你。

二、正确的人生态度，才会快乐。

——一个不知道德为何物的人，一个只有贪婪、狂妄、目中无人的人，会有正确的人生态度吗？一个没有生命自觉的人，会有正确的人生态度吗？佛学就是让你回到生命的自觉。

三、回到自在，才会快乐。

——佛教的智慧解脱，出离诸苦，究竟涅槃，得大自在，正是此理。

四、和太太找到深度共同点，才会快乐。

——佛说无缘大慈，同体大悲。这是对一切众生的和谐之道。和谐，才是人生的境界。算不算深度共同点呢？我想是，果然是。

这样的境界，能离开行与愿吗？有行、有愿，才有和谐。

在这里，我还想指出，《普贤菩萨行愿品》中的"行"，行愿无尽中的"行"，应该读 heng（恨）的音，它不仅仅是行动、行为、践行，还指下的工夫，下的苦功、苦行，下的毅力，意志与坚持不懈，而且也指实修与积累的功德。行愿无尽，是永无穷尽，永无休止，永无停顿。以此行愿力，竖穷三际，横遍十方，时间无尽，空间周遍，还有什么事不能成，什么愿不能偿，什么目的地不能到达的呢？

无论东方西方，一切佛子，同愿同行，行愿无尽，我们不负佛恩，不负己灵，无边胜福皆回向，速往无量光佛刹。

南无阿弥陀佛!